BROT FÜR ALLE!

KEN FORKISH SARAH BECAN

BROT FÜR ALLE!

WIE DU RICHTIG GUTES BROT BACKST

AUS DEM ENGLISCHEN
VON ULRIKE BECKER

KUNSTMANN

INHALTSVE

RZEICHNIS

AUF GEHT'S!

HALLO, ICH BIN KEN FORKISH, PREISGEKRÖNTER KOCHBUCHAUTOR UND DER GRÜNDER VON KEN'S ARTISAN BAKERY.
UND ICH BIN SARAH BECAN, COMICZEICHNERIN UND ILLUSTRATORIN.
MIT VEREINTEN KRÄFTEN WERDEN WIR DIR ZEIGEN, WIE MAN GUTES BROT BACKT.
Ken's Artisan Bakery
MEINE ERSTE BÄCKEREI HABE ICH 2001 ERÖFFNET, MIT SELBST GEMACHTEM BROT, CROISSANTS UND BRIOCHES.
MEHL, WASSER, SALZ, HEFE
UND IN MEINEN BÜCHERN ERKLÄRE ICH, WIE MAN MEINE TECHNIKEN AUCH ZU HAUSE ANWENDET.
PIZZA PERFETTA
EVOLUTIONS IN BREAD
ICH KOCHE ECHT GERN, ABER ANS BACKEN HAB ICH MICH BISHER NICHT RANGETRAUT.
MEINE ERSTEN VERSUCHE SIND KLÄGLICH GESCHEITERT, UND ICH DACHTE, ICH HAB EINFACH KEIN TALENT.
ABER MIT ETWAS ÜBUNG UND KENS SCHLAUEN TIPPS BACKE ICH INZWISCHEN RICHTIG SCHÖNE BROTE!

WIR ERKLÄREN DIR, WELCHE ZUTATEN UND WAS FÜR ZUBEHÖR DU BRAUCHST …
… UND FÜHREN GENAU VOR, WIE MAN BROTTEIG ANMISCHT, FALTET, FORMT UND BACKT.
WIR BESCHÄFTIGEN UNS MIT HEFEKULTUREN UND FERMENTATION …
… UND ZEIGEN DIR, WIE DU DEINEN EIGENEN SAUERTEIG ANSETZT.
WIR BACKEN LECKERE, EINFACHE BROTE, DIE SCHON NACH 5 BIS 6 STUNDEN IN DEN OFEN KÖNNEN …
… UND AROMATISCHE LAIBE MIT LANGER GEHZEIT, DIE MITHILFE SELBST GEZOGENER KULTUREN SCHÖN AUFGEHEN.
TRAU DICH RUHIG RAN!
MIT EINEM KLEINEN BISSCHEN MÜHE UND GEDULD …
… KANNST AUCH DU UNGLAUBLICH GUTES BROT BACKEN.
ALSO, AUF GEHT'S!

DIE GRUNDLAGEN & TECHNIKEN

DIE LUST AM BACKEN

NICHT VERGESSEN!

DIE AUSSTATTUNG

DIE RICHTIGE AUSSTATTUNG ERLEICHTERT JEDE AUFGABE.

FOLGENDES BRAUCHST DU FÜR DAS BROTBACKEN DAHEIM (MIXER NICHT NÖTIG, AUßER FÜR DAS BUTTERBROT!). GEMISCHT WIRD VON HAND, SO BEKOMMST DU EIN GEFÜHL FÜR DEN TEIG.

BEHÄLTER FÜR DEN TEIG

EIN RUNDER 6-LITER-BEHÄLTER, IN DEM DER TEIG GEMISCHT WIRD UND GEHEN KANN. AM BESTEN MIT PASSENDEM DECKEL UND EINER SKALA, DAMIT DU LEICHT SEHEN KANNST, WANN DER TEIG HOCH GENUG AUFGEGANGEN IST.

EINE SCHLICHTE GROßE RÜHRSCHÜSSEL, DIE SICH HALBWEGS LUFTDICHT VERSCHLIEßEN LÄSST, IST ABER AUCH OKAY.

KLEINERE BEHÄLTER

EIN RUNDER 2-LITER-BEHÄLTER MIT DECKEL IST IDEAL FÜR SAUERTEIGANSATZ UND -STARTER. AUßERDEM BRAUCHST DU ZWEI KLEINE SCHÜSSELN ZUM WASSERABMESSEN UND HÄNDEBEFEUCHTEN WÄHREND DES MISCHENS UND FALTENS.

DIGITALE KÜCHENWAAGE

MIT EINER DIGITALEN KÜCHENWAAGE KANNST DU ALLE ZUTATEN GENAU ABMESSEN. SIE SOLLTE BIS 2 KG BELASTBAR SEIN UND GRAMMGENAU WIEGEN.

DIGITALES THERMOMETER

BEIM BROTBACKEN IST DIE RICHTIGE TEMPERATUR ENTSCHEIDEND! IN EINEM WARMEN ZIMMER, BEI ETWA 26 °C, GEHT DER TEIG VIEL SCHNELLER AUF, IN EINEM KÜHLEN RAUM, BEI ETWA 18 °C, VIEL LANGSAMER.

MIT SO EINEM THERMOMETER KANNST DU DIE WASSERTEMPERATUR FÜR DEN TEIG MESSEN, ABER AUCH DIE TEMPERATUR DES TEIGS SELBST. DAS THERMOMETER WIRD EINFACH IN DEN TEIG ODER INS WASSER GESTECKT.

GÄRKÖRBE FÜR BROTE AUS DEM TOPF

IN GÄRKÖRBEN BLEIBEN DIE LAIBE WÄHREND DES LETZTEN AUFGEHENS – DER STÜCKGARE – IN FORM. DIE BESTE GRÖßE DAFÜR: DURCHMESSER 23 CM, HÖHE 9 CM.

ICH BENUTZE AM LIEBSTEN GÄRKÖRBE AUS PEDDIGROHR ODER SOLCHE MIT STOFFBEZUG, ABER ALS ERSATZ KANNST DU AUCH EINE PASSENDE SCHÜSSEL MIT EINEM FUSSELFREIEN BEMEHLTEN GESCHIRRTUCH AUSKLEIDEN.

BACKFORMEN

DIE KASTENBROTE IN DIESEM BUCH KANNST DU WAHRSCHEINLICH IN JEDER FORM BACKEN, DIE DU IM SCHRANK HAST. ICH VERWENDE ENTWEDER EINE 22 x 11 x 7 CM GROßE FORM ODER EINE ETWAS GRÖßERE (24 x 13 x 8 CM). BEIDE HABEN KEINEN DECKEL.

MEINE FORMEN SIND BESCHICHTET, TROTZDEM SPRÜHE ODER PINSELE ICH SIE MIT ÖL EIN. NICHTS IST SCHLIMMER, ALS EIN GELUNGENES, FERTIG GEBACKENES BROT NICHT AUS DER HEIßEN FORM ZU KRIEGEN. SO WAS MACHT MICH WAHNSINNIG!

GUSSEISENTOPF

DIE TOPFBROTE AUS SAUERTEIG IN DIESEM BUCH BACKST DU AM BESTEN IN EINEM 4-LITER-TOPF MIT DECKEL. EIN GRÖßERER TOPF GEHT AUCH, ABER DANN WIRD DEIN LAIB BREITER UND NICHT SO HOCH. EINFACHE GUSSEISERNE SCHMORTÖPFE FUNKTIONIEREN GENAUSO GUT WIE DIE SCHICKEREN, ABER TEUREN MODELLE!

DIES UND DAS

DU BRAUCHST EIN PAAR GUTE OFENHANDSCHUHE, MIT DENEN DU AUCH EINEN 250 °C HEIßEN TOPF ANFASSEN KANNST. ALTERNATIV KANNST DU MEHRFACH GEFALTETE GESCHIRRTÜCHER NEHMEN.

AUCH EIN OFENTHERMOMETER IST PRAKTISCH, DENN DIE MEISTEN BACKÖFEN HEIZEN NICHT GENAU AUF DIE EINGESTELLTE TEMPERATUR.

UND DANN BRAUCHST DU NOCH ETWAS, UM DAS BROT NACH DEM FORMEN IM GÄRKORB ZUZUDECKEN. ICH BENUTZE DAFÜR SAUBERE PLASTIKTÜTEN VOM GEMÜSE-EINKAUF ODER BAUMWOLLSÄCKCHEN.

DIE ZUTATEN

WEIßMEHL

WENN BEI MIR IM REZEPT WEIßMEHL STEHT, KAUF EIN MEHL, DAS ALS BROTMEHL EMPFOHLEN IST.

DURCH DEN HÖHEREN EIWEIßGEHALT (13-14 %) GEHT DER TEIG DAMIT STÄRKER AUF, UND ES EIGNET SICH AUCH ZUM KOMBINIEREN MIT WENIGER PROTEINREICHEN MEHLEN WIE ROGGEN-, EMMER-, EINKORN- ODER DINKELMEHL. FÜR DIE REZEPTE AUS WEIßMEHL, ETWA DAS SAMSTAGSBROT UND DAS STANDARDBROT, KANNST DU AUCH VIELE UNIVERSALMEHLE VERWENDEN, ABER MIT EINEM SPEZIELLEN BROTMEHL GEHT DEIN TEIG BESSER AUF.

LEIDER WIRD DER EIWEIßGEHALT AUF DER PACKUNG OFT NICHT ANGEBEN! WENN DOCH, IST DAS EIN GUTES ZEICHEN, DENN ES BEWEIST DIE SORGFALT DES PRODUZENTEN.

ICH EMPFEHLE DIR, BROTMEHLE VERSCHIEDENER MARKEN AUSZUPROBIEREN, UM HERAUSZUBEKOMMEN, WOMIT DU DIE BESTEN ERGEBNISSE ERZIELST.

BACKHEFE

HEFE ERHÄLTST DU IM HANDEL ENTWEDER ALS TROCKENHEFE IN TÜTEN ODER IM GLAS – ODER ALS FRISCHHEFEWÜRFEL. JEDE HEFE REAGIERT EIN BISSCHEN ANDERS, DESHALB ACHTE AUF DIE ANGABEN IM REZEPT, WIE HOCH DER TEIG AUFGEHEN SOLLTE.

IN MEINEN REZEPTEN ARBEITE ICH IMMER MIT TROCKENHEFE. FALLS DU GERNE EINMAL MIT FRISCHHEFE ARBEITEN MÖCHTEST, ÄNDERN SICH DIE ARBEITSSCHRITTE LEICHT. WIE DAS GENAU FUNKTIONIERT, ERFÄHRST DU ZUM BEISPIEL IN DEN HERVORRAGENDEN BROTBACKBÜCHERN VON LUTZ GEIßLER.

VOLLKORNMEHL

VOLLKORNMEHL ENTHÄLT ALLE BESTANDTEILE DES WEIZENKORNS: AUßER DEM MEHLKÖRPER ODER -KERN, AUS DEM DAS WEIßMEHL BESTEHT, WERDEN AUCH DER WEIZENKEIM UND DIE WEIZENKLEIE MIT VERMAHLEN.

ES HAT MEHR VITAMINE, MINERALIEN UND BALLASTSTOFFE ALS WEIßMEHL. DER GESCHMACK IST NUSSIGER, UND BROT AUS VOLLKORNMEHL IST DICHTER ALS REINES WEIßBROT.

SALZ

NIMM FEINES MEERSALZ, DAS LÖST SICH SCHNELL IM TEIG AUF. UND VERZICHTE AUF JODIERTES SALZ, AUßER DU WILLST BROT HABEN, DAS NACH JOD SCHMECKT!

WASSER

LEITUNGSWASSER IST NORMALERWEISE OKAY. WENN DEIN WASSER ZUM TRINKEN GEEIGNET IST, KANNST DU DAMIT AUCH BACKEN.

DAS WEIZENKORN

MEHL
MEHL ENTSTEHT, WENN WEIZENKÖRNER ZU EINEM FEINEN PULVER VERMAHLEN WERDEN.
DAS KORN BESTEHT AUS DREI TEILEN, DIE IM MODERNEN MAHLPROZESS VONEINANDER GETRENNT WERDEN.
VOLLKORNMEHL WIRD AUS DEM GANZEN KORN HERGESTELLT, WEIßMEHL NUR AUS DEM MEHLKÖRPER.
FRUCHT- UND SAMENSCHALE
DIE ÄUßERE SCHICHT DES KORNS MACHT ETWA 13 PROZENT SEINES GEWICHTS AUS. DURCH SIE IST DAS VOLLKORNMEHL SO REICH AN MINERALIEN UND BALLASTSTOFFEN.
MEHLKÖRPER ODER -KERN
AUS IHM STAMMT DAS WEIßMEHL. ER ENTSPRICHT ETWA 84 PROZENT DES GESAMTEN KORNS.
KEIMLING
IN IHM STECKT DAS ERBGUT DES WEIZENKORNS. DER KEIMLING ENTHÄLT GESUNDE, WOHLSCHMECKENDE FETTE UND MACHT ETWA 3 PROZENT DES KORNGEWICHTS AUS.

ALTE GETREIDESORTEN

DIESES MEHL WIRD MEISTENS NICHT IN GROßEN ONLINE-SHOPS UND SUPERMÄRKTEN ANGEBOTEN.
DIE HÖFE VERKAUFEN ES MEIST AB HOF ODER ONLINE. ES WIRD VOR DEM VERSAND FRISCH FÜR DICH GEMAHLEN.
AM BESTEN MACHST DU DICH SCHLAU UND KAUFST MEHL VON FAMILIENBETRIEBEN IN DEINER REGION!
BIOMÄRKTE SIND EINE GUTE QUELLE, ABER DU KANNST AUCH ONLINE DIREKT BESTELLEN.
ROT-WEIZEN
EINKORN MEHL
EMMER-MEHL
ROUGE de BORDEAUX
KAMUT-MEHL
MEHL AUS ALTEN GETREIDESORTEN KANNST DU IN ALL DEN REZEPTEN VERWENDEN, IN DENEN WEIZENVOLLKORN-MEHL GEFRAGT IST.
PROBIER ES IN FOLGENDEN REZEPTEN:
40%IGES VOLLKORNBROT, ROSINEN-PEKAN-BROT, STANDARDBROT, VIEL-KORNBROT, LANDBROT UND WALNUSSBROT.
FRISCH GEMAHLENES MEHL AUS ALTEN SORTEN EIGNET SICH AUCH SUPER FÜR DEINEN SAUERTEIGANSATZ, DENN ES ENTHÄLT VIELE NÄHRSTOFFE, DIE DAS BAKTERIENWACHSTUM FÖRDERN.

DER ARBEITSPLATZ

ALS ERSTES STELLST DU ALLE ZUTATEN UND UTENSILIEN BEREIT.

DANN KANNST DU DICH GANZ AUF DIE EINZELNEN ARBEITSSCHRITTE KONZENTRIEREN.

MEHL

EINE ODER MEHRERE SORTEN, JE NACH REZEPT

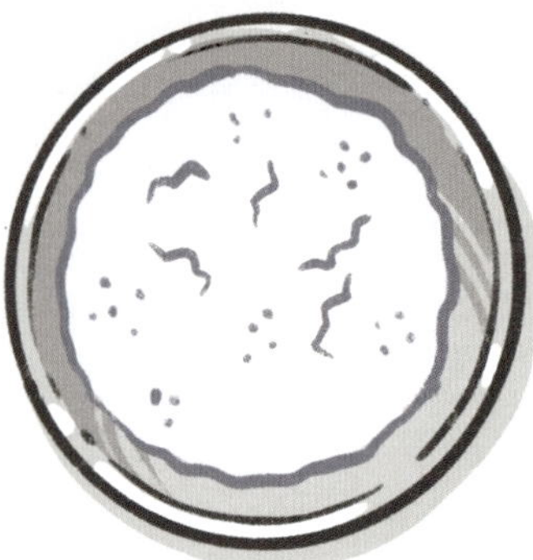

FEINES MEERSALZ

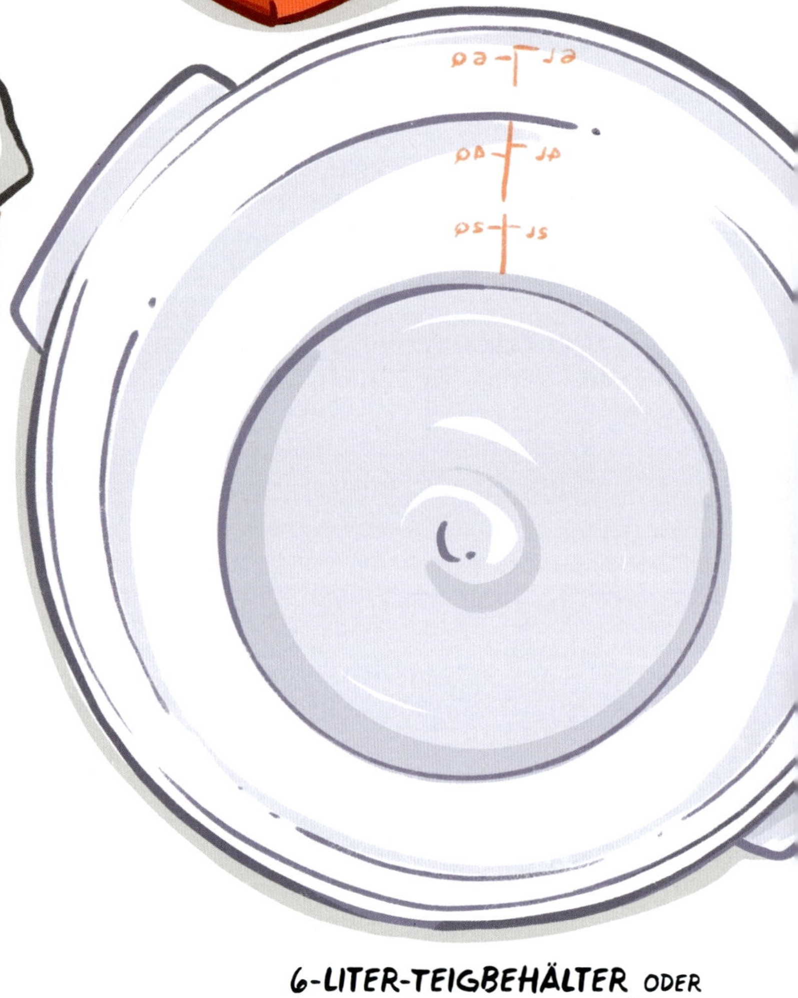

6-LITER-TEIGBEHÄLTER ODER **EIN ÄHNLICHES GEFÄẞ,** PLUS **DECKEL** ODER **ABDECKUNG**

TROCKENHEFE

GÄRKORB

WENN DU IM TOPF BACKEN WILLST

ANSTELLGUT/ SAUERTEIGSTARTER

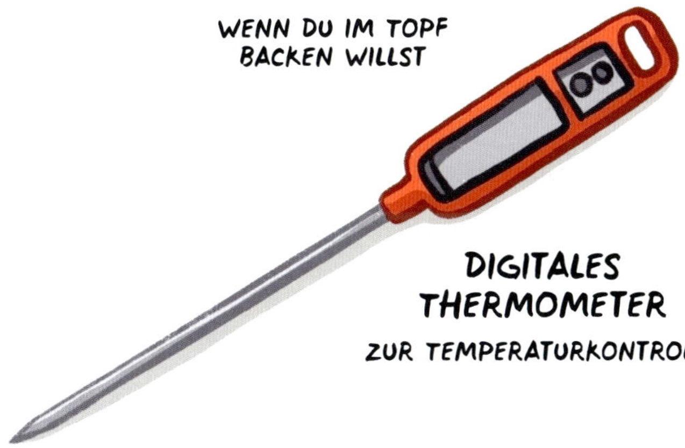

DIGITALES THERMOMETER

ZUR TEMPERATURKONTROLLE

WASSERBEHÄLTER

2 LITER ODER MEHR

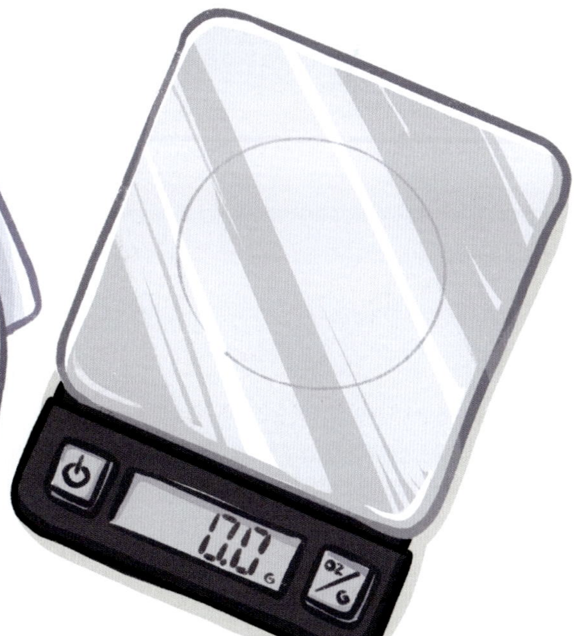

DIGITALE KÜCHENWAAGE

ÜBER DIESEN SELTSAM WEICHEN, KLEBRIGEN TEIG

EIN PAAR WORTE ÜBER TEMPERATUR & JAHRESZEIT

DIE GRUNDMETHODE:
BROTBACKEN IN 8 SCHRITTEN

WENN DU EINEN SAUERTEIGSTARTER/ANSTELLGUT (SIEHE SEITEN 46-51) HAST, MUSST DU DIE ENTSPRECHENDE MENGE VOR DER ZUGABE DES MEHLS ZUM WASSER GEBEN.
DRÜCKE BEI DEINER WAAGE ZUERST AUF »TARE« ODER »NULL«.
GIB DANN SO VIEL ANSTELLGUT IN DAS WASSER, WIE IM REZEPT ANGEGEBEN.
KNEIF DAS ANSTELLGUT MIT BEFEUCHTETEN FINGERN AB, UM DIE ZUGABE ZU STOPPEN.
RÜHR DAS ANSTELLGUT MIT DEN FINGERN LEICHT IN DAS WASSER EIN.
LASS DEN BEHÄLTER AUF DER WAAGE STEHEN UND DRÜCKE WIEDER AUF »TARE«.
DANN FÜGST DU DIE GESAMTE MEHLMENGE GEMÄß REZEPT HINZU.
HALT DEN BEHÄLTER MIT EINER HAND FEST UND VERMISCH MIT DEINER KRÄFTIGEREN HAND MEHL UND WASSER ZU EINEM TEIG.
DAMIT BIST DU DANN FERTIG, WENN KEIN TROCKENES MEHL MEHR IM BEHÄLTER ZU SEHEN IST.

AN DEINER ARBEITSHAND WIRD TEIG KLEBEN – KEINE SORGE, DAS GEHÖRT ZUM BROTBACKEN!
SCHAB NACH DEM MISCHEN MIT DER FREIEN HAND DIE TEIGRESTE VON DEINEN FINGERN IN DEN TEIGBEHÄLTER.
JETZT DAS SALZ ABWIEGEN. STELL EINE LEERE SCHÜSSEL AUF DIE WAAGE UND DRÜCKE AUF »TARE«.
0.0
OZ/G
GIB DIE ANGEGEBENE SALZMENGE HINEIN.
11.0
OZ/G
STREU DAS SALZ GLEICHMÄẞIG ÜBER DEN TEIG. (ES WIRD SICH TEILWEISE AUFLÖSEN.)
DASSELBE MACHST DU DANACH MIT DER TROCKENHEFE. SALZ UND HEFE DÜRFEN DABEI RUHIG MITEINANDER IN KONTAKT KOMMEN.
DANN LASS DEN TEIG ETWA 15 MINUTEN ZUGEDECKT RUHEN.

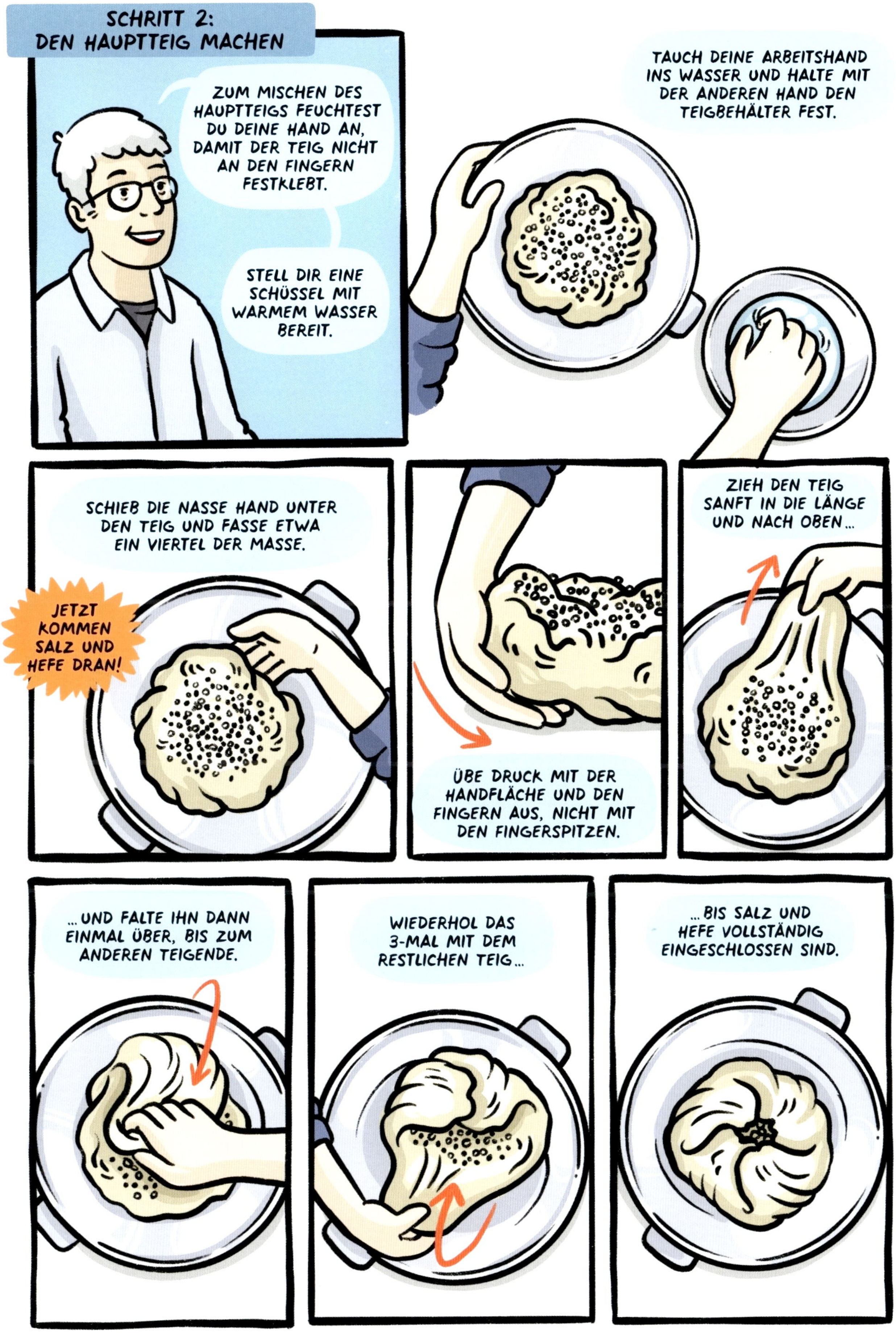
SCHRITT 2:
DEN HAUPTTEIG MACHEN
ZUM MISCHEN DES HAUPTTEIGS FEUCHTEST DU DEINE HAND AN, DAMIT DER TEIG NICHT AN DEN FINGERN FESTKLEBT.
STELL DIR EINE SCHÜSSEL MIT WARMEM WASSER BEREIT.
TAUCH DEINE ARBEITSHAND INS WASSER UND HALTE MIT DER ANDEREN HAND DEN TEIGBEHÄLTER FEST.
SCHIEB DIE NASSE HAND UNTER DEN TEIG UND FASSE ETWA EIN VIERTEL DER MASSE.
JETZT KOMMEN SALZ UND HEFE DRAN!
ÜBE DRUCK MIT DER HANDFLÄCHE UND DEN FINGERN AUS, NICHT MIT DEN FINGERSPITZEN.
ZIEH DEN TEIG SANFT IN DIE LÄNGE UND NACH OBEN…
…UND FALTE IHN DANN EINMAL ÜBER, BIS ZUM ANDEREN TEIGENDE.
WIEDERHOL DAS 3-MAL MIT DEM RESTLICHEN TEIG…
…BIS SALZ UND HEFE VOLLSTÄNDIG EINGESCHLOSSEN SIND.

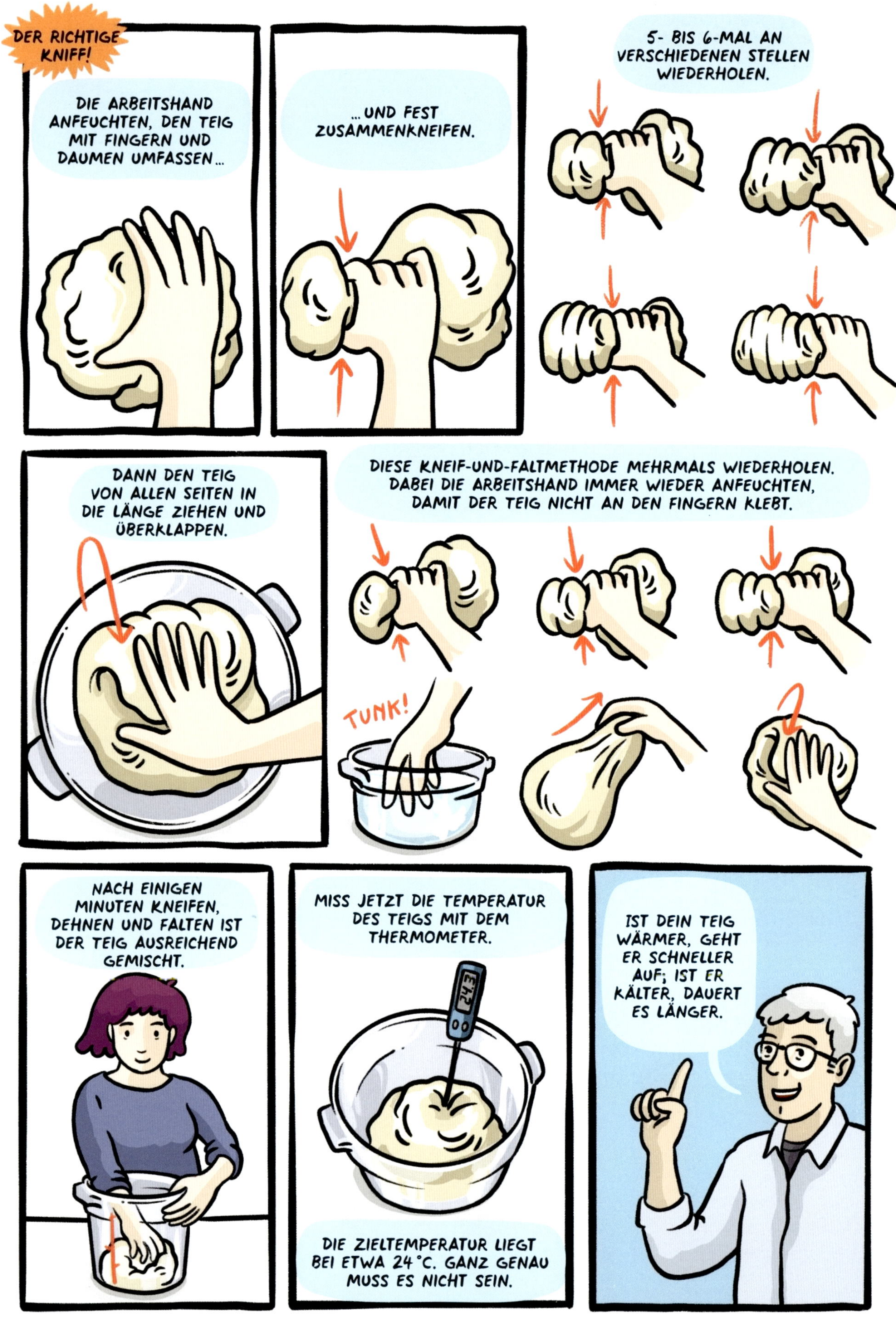
DER RICHTIGE KNIFF!
DIE ARBEITSHAND ANFEUCHTEN, DEN TEIG MIT FINGERN UND DAUMEN UMFASSEN …
… UND FEST ZUSAMMENKNEIFEN.
5- BIS 6-MAL AN VERSCHIEDENEN STELLEN WIEDERHOLEN.
DANN DEN TEIG VON ALLEN SEITEN IN DIE LÄNGE ZIEHEN UND ÜBERKLAPPEN.
DIESE KNEIF-UND-FALTMETHODE MEHRMALS WIEDERHOLEN. DABEI DIE ARBEITSHAND IMMER WIEDER ANFEUCHTEN, DAMIT DER TEIG NICHT AN DEN FINGERN KLEBT.
TUNK!
NACH EINIGEN MINUTEN KNEIFEN, DEHNEN UND FALTEN IST DER TEIG AUSREICHEND GEMISCHT.
MISS JETZT DIE TEMPERATUR DES TEIGS MIT DEM THERMOMETER.
24.2
DIE ZIELTEMPERATUR LIEGT BEI ETWA 24 °C. GANZ GENAU MUSS ES NICHT SEIN.
IST DEIN TEIG WÄRMER, GEHT ER SCHNELLER AUF; IST ER KÄLTER, DAUERT ES LÄNGER.

SCHRITT 3: FALTEN & ERSTE TEIGRUHE (STOCKGARE)
WEIL MEINE TEIGE FEUCHT UND SEHR LOCKER SIND, BRAUCHEN SIE EIN BISSCHEN UNTERSTÜTZUNG.
DURCH DAS FALTEN ENTWICKELT SICH DAS KLEBERGERÜST, DAS DEM TEIG SPANNUNG GIBT UND BEIM FERTIGEN BROT FÜR VOLUMEN SORGT.
FÜR DIE REZEPTE IN DIESEM BUCH REICHT 2- BIS 3-MALIGES FALTEN.
UNGEFÄHR 10 MINUTEN NACH DEM MISCHEN FALTEST DU DEN TEIG ZUM ERSTEN MAL.
ZUERST IST DER TEIG EINE FESTE KUGEL…
…SPÄTER LIEGT ER FLACH IM BEHÄLTER. DANN IST ES ZEIT FÜR DAS NÄCHSTE FALTEN.
VOR JEDEM FALTEN WIEDER DIE HAND ANFEUCHTEN.
DIE NASSE HAND UNTER DEN TEIG SCHIEBEN, EIN VIERTEL DES TEIGS IN DIE LÄNGE UND NACH OBEN ZIEHEN, BIS DU WIDERSTAND SPÜRST.
DANN DEN TEIG EINMAL BIS ZUM ANDEREN TEIGENDE ÜBERKLAPPEN.
4- ODER 5-MAL RINGSUM WIEDERHOLEN, BIS DER TEIG WIEDER SPANNUNG HAT UND DIE KUGELFORM HÄLT.
DANN DEN TEIGBEHÄLTER ABDECKEN UND DEN TEIG GEHEN LASSEN.

SCHRITT 4: DEN TEIG AUS DEM BEHÄLTER NEHMEN

SCHRITT 5: DEN LAIB FORMEN

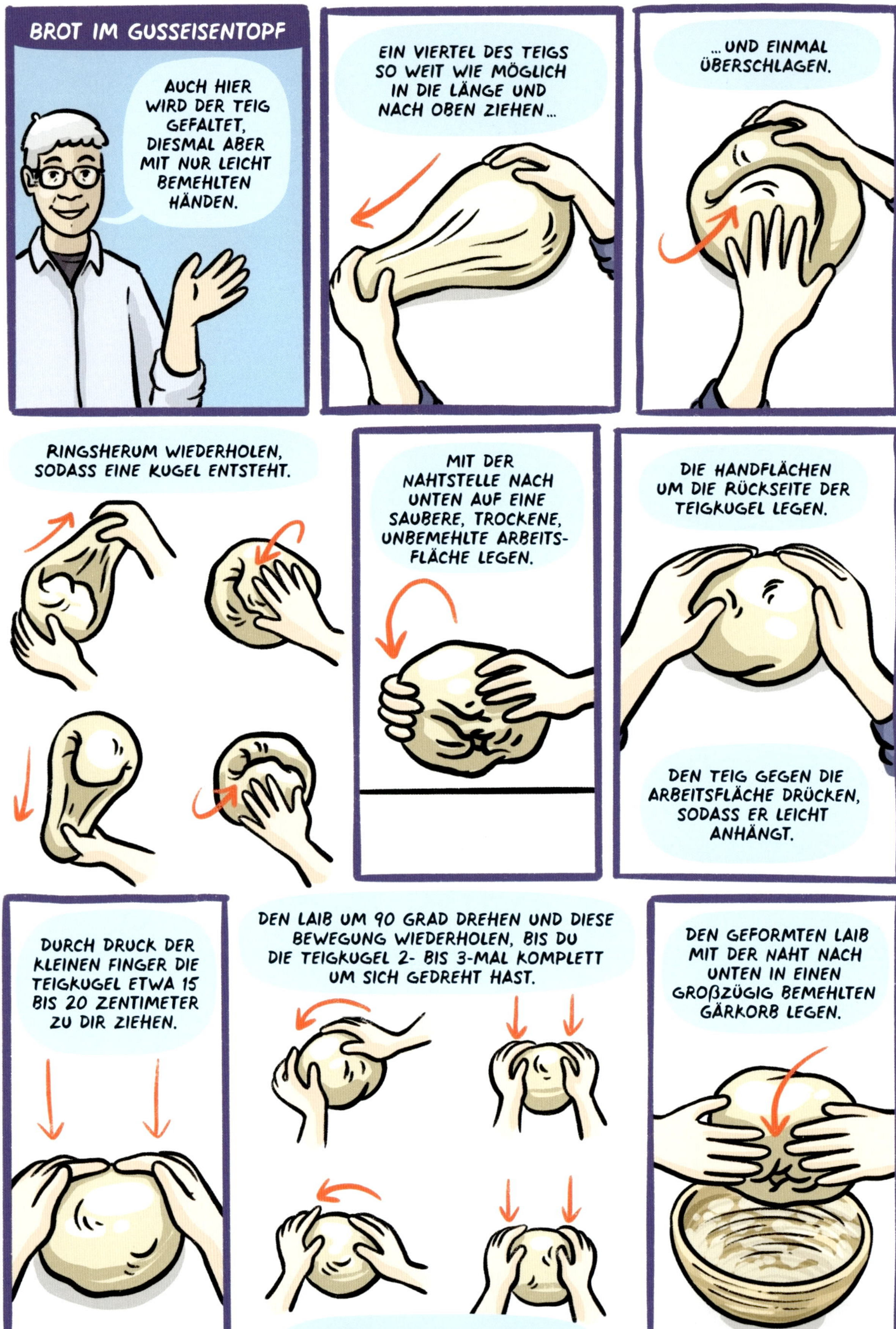

BROT IM GUSSEISENTOPF
AUCH HIER WIRD DER TEIG GEFALTET, DIESMAL ABER MIT NUR LEICHT BEMEHLTEN HÄNDEN.
EIN VIERTEL DES TEIGS SO WEIT WIE MÖGLICH IN DIE LÄNGE UND NACH OBEN ZIEHEN …
… UND EINMAL ÜBERSCHLAGEN.
RINGSHERUM WIEDERHOLEN, SODASS EINE KUGEL ENTSTEHT.
MIT DER NAHTSTELLE NACH UNTEN AUF EINE SAUBERE, TROCKENE, UNBEMEHLTE ARBEITSFLÄCHE LEGEN.
DIE HANDFLÄCHEN UM DIE RÜCKSEITE DER TEIGKUGEL LEGEN.
DEN TEIG GEGEN DIE ARBEITSFLÄCHE DRÜCKEN, SODASS ER LEICHT ANHÄNGT.
DURCH DRUCK DER KLEINEN FINGER DIE TEIGKUGEL ETWA 15 BIS 20 ZENTIMETER ZU DIR ZIEHEN.
DEN LAIB UM 90 GRAD DREHEN UND DIESE BEWEGUNG WIEDERHOLEN, BIS DU DIE TEIGKUGEL 2- BIS 3-MAL KOMPLETT UM SICH GEDREHT HAST.
DADURCH WIRD DER LAIB FESTER UND BEKOMMT SPANNUNG.
DEN GEFORMTEN LAIB MIT DER NAHT NACH UNTEN IN EINEN GROßZÜGIG BEMEHLTEN GÄRKORB LEGEN.

SCHRITT 6: DIE STÜCKGARE
SO HEIẞT DIE RUHEZEIT NACH DEM FORMEN.
ZEIT UND TEMPERATUR SIND DIE BEIDEN FAKTOREN, DIE DARÜBER ENTSCHEIDEN, WIE LANGE DEIN LAIB VOR DEM BACKEN NOCH GEHEN MUSS.
BRAUCHT ER BEI RAUMTEMPERATUR 1 STUNDE, KANN ER IM KÜHLSCHRANK ZUM BEISPIEL 12 STUNDEN ODER LÄNGER BENÖTIGEN.
BROT IN DER BACKFORM
ERSTMAL DECKST DU DEN LAIB AB, DAMIT ER NICHT AUSTROCKNET.
MIT DER HAND DEN TEIG GANZ LEICHT MIT WASSER BENETZEN, DAMIT ER NICHT AM PLASTIK FESTKLEBT.
DANN DIE BROTFORM IN EINE PLASTIKTÜTE SCHIEBEN, DIE OBEN ÜBER DER FORM NOCH PLATZ LÄSST, SODASS DER TEIG AUFGEHEN KANN.
SIE MUSS NICHT LUFTDICHT VERSCHLOSSEN SEIN. ES GEHT NUR DARUM, DASS DER TEIG BEIM RUHEN NICHT TROCKEN WIRD.
DU KANNST DEN LAIB AUCH LOCKER MIT FRISCHHALTEFOLIE ABDECKEN. WENN DU DEN TEIG MIT WASSER BENETZT HAST, LÄSST SIE SICH ANSCHLIEẞEND LEICHT WIEDER ABNEHMEN.
NACH DER STÜCKGARE SOLLTE DER TEIG KNAPP ÜBER DEN FORMRAND HINAUS AUFGEGANGEN UND IN DER MITTE LEICHT GEWÖLBT SEIN.
DENK DRAN, DEN OFEN ETWA 45 MINUTEN VOR DEM BACKEN VORZUHEIZEN! DAS VORHEIZEN ALSO WÄHREND DER TEIGRUHE EINPLANEN!

BROT IM GUSSEISENTOPF
WIE BEI IN DER FORM GEBACKENEN BROTEN GEHT ES AUCH HIER DARUM, DASS DER TEIG WÄHREND DER GARE NICHT AUSTROCKNET.
STECK DEN GÄRKORB WÄHREND DER STÜCKGARE IN EINE PLASTIKTÜTE. SIE MUSS NICHT LUFTDICHT ABSCHLIEẞEN.
WOHER WEIẞ MAN, WANN DER TEIG GENUG GERUHT HAT?
AM BESTEN, MAN MACHT DEN FINGERTEST. DER IST IDIOTENSICHER!
DAZU DEN AUFGEGANGENEN TEIG MIT EINEM BEMEHLTEN FINGER ETWA 1,5 CM TIEF EINDRÜCKEN.
FEDERT ER BEIM LOSLASSEN SOFORT ZURÜCK, BRAUCHT DER TEIG NOCH ZEIT ZUM RUHEN.
FEDERT ER LANGSAM UND NICHT VOLLSTÄNDIG ZURÜCK, IST DER TEIG FERTIG AUFGEGANGEN UND BEREIT ZUM BACKEN.
FEDERT ER ÜBERHAUPT NICHT ZURÜCK, IST DER TEIG WAHRSCHEINLICH SCHON ÜBER DEN IDEALEN ZEITPUNKT HINAUS. DAS NENNT MAN »ÜBERGARE«.
IN DEM FALL KEINE PANIK! BACK DEIN BROT TROTZDEM, SEI EINFACH DARAUF GEFASST, DASS ES EIN WENIG ZUSAMMENFALLEN KÖNNTE.
ABER VIELLEICHT PASSIERT AUCH GAR NICHTS! ICH STAUNE MANCHMAL, WIE SCHÖN EIN LAIB BEIM BACKEN SEINE FORM HÄLT, OBWOHL DER TEIG ÜBERREIF GEWIRKT HAT.

SCHRITT 7:
OFEN VORHEIZEN
BROT IN DER BACKFORM
ETWA 45 MINUTEN VOR DEM BACKEN EINEN ROST AUF DIE MITTLERE SCHIENE SCHIEBEN UND DEN OFEN AUF 230 °C VORHEIZEN.
WIR HEIZEN LIEBER ETWAS LÄNGER VOR, DAMIT DER OFEN WIRKLICH HEIß IST.
BROT IM GUSSEISENTOPF
ROST IN DER MITTE EINSCHIEBEN, DEN LEEREN 4-LITER-GUSSEISENTOPF MIT DECKEL HINEINSTELLEN UND DEN OFEN 45 MINUTEN AUF 245 °C VORHEIZEN.
IN MANCHEN BACKÖFEN SIEHT DAS BROT OBEN GUT AUS, IST AUF DER UNTERSEITE ABER VERBRANNT.
WENN DAS PASSIERT, STELL DEN GUSSEISEN-TOPF SO HOCH ÜBER DEN OFENBODEN WIE MÖGLICH.
SCHIEB EINEN ZWEITEN ROST AUF DIE SCHIENE DARUNTER.
ETWA 30 MINUTEN NACH BACKBEGINN STELLST DU EIN BLECH ODER EINE GUSSEISERNE PFANNE AUF DEN UNTEREN ROST, DIREKT UNTER DEN GUSSEISENTOPF. DADURCH WIRD DIE HITZE ETWAS ABGEBLOCKT.

SCHRITT 8: BACKEN!
BROT IN DER BACKFORM
STELL DIE BACKFORM IN DER MITTE DES OFENS AUF DEN ROST …
… UND REDUZIERE DIE TEMPERATUR AUF 220 °C.
220°
EINE BACKZEIT VON 50 MINUTEN IST FÜR IN DER BACKFORM GEBACKENE BROTE IDEAL, ABER ES EMPFIEHLT SICH, NACH 40 MINUTEN MAL NACHZUSEHEN.
BROTE AUS DER FORM WERDEN OBEN VIEL DUNKLER ALS UNTEN UND AN DEN SEITEN.
WENN DU GLAUBST, DAS BROT SEI FERTIG, WEIL DIE OBERSEITE SCHON HELLBRAUN IST, WERDEN DIE SEITEN NOCH ZU SCHWACH GEBACKEN SEIN. DANN KANN ES PASSIEREN, DASS DEIN BROT ZUSAMMENFÄLLT.
BACK ES ALSO, BIS ES OBEN DUNKELBRAUN IST, DANN WIRD ES AN DEN SEITEN GOLDBRAUN SEIN.

WENN DU BACK-TRENNSPRAY ODER ÖL VERWENDET HAST, SOLLTE DAS BROT LEICHT AUS DER FORM RUTSCHEN.
IN KLEINEREN FORMEN ÜBERLAPPT DAS BROT MANCHMAL DEN RAND UND LÖST SICH DAHER NICHT.
IN DEM FALL SCHLÄGST DU DIE FORM EINMAL KRÄFTIG AUF EINE ROBUSTE OBERFLÄCHE. BENUTZ DAZU OFENHANDSCHUHE.
LÖST SICH DAS BROT IMMER NOCH NICHT, DANN HALT DIE FORM MIT EINER HAND FEST UND ZIEH MIT DER ANDEREN DAS BROT HERAUS. BENUTZ DAZU DOPPELT GEFALTETE GESCHIRRHANDTÜCHER.
KLINGT FUMMELIG, ABER AUS EINER BESCHICHTETEN BACKFORM WIRD SICH DEIN BROT MIT ETWAS GEZERRE SCHLIEẞLICH LÖSEN.
DAS BROT AUF EINEM GITTERROST AUSKÜHLEN LASSEN. ES SOLLTE VON ALLEN SEITEN LUFT BEKOMMEN.

BROT IM GUSSEISENTOPF
UNBEDINGT OFENHANDSCHUHE TRAGEN, TOPF UND DECKEL WERDEN SEHR HEIß!
DEN LEEREN HEIßEN TOPF VORSICHTIG AUS DEM OFEN NEHMEN.
DEN BROTLAIB AUS DEM GÄRKORB AUF EINE BEMEHLTE FLÄCHE STÜRZEN.
FALLS ER AM KORBRAND KLEBEN SOLLTE, LÖS IHN VORSICHTIG MIT EINER HAND …
… UND MERK DIR FÜRS NÄCHSTE MAL, DASS DU DEN KORB STÄRKER BEMEHLEN MUSST. NEUE KÖRBE BRAUCHEN EINE BESONDERS DICKE SCHICHT.
KLEBT DER TEIG TROTZDEM NOCH AN, IST ER VIELLEICHT ZU FEUCHT. DANN NIMM NÄCHSTES MAL 20 BIS 30 GRAMM WENIGER WASSER.
VIELLEICHT MUSST DU ABER AUCH DAS FORMEN DES LAIBES NOCH ÜBEN.
KLEBRIG
MEHL
ACHTE DARAUF, DIE TROCKENE, MEHLBESTÄUBTE SEITE DES TEIGS BEIM FORMEN ÜBER DAS KLEBRIGE INNERE ZU KLAPPEN – UND SIEH ZU, DASS DER TEIG BEIM FORMEN SPANNUNG BEKOMMT.
DANN DEN TOPFDECKEL ABNEHMEN. HANDSCHUH NICHT VERGESSEN!
MIT DER FLACHEN HAND – NICHT MIT DEN FINGERSPITZEN – DEN TEIG HOCHHEBEN …
… UND GANZ VORSICHTIG IN DEN GUSSEISENTOPF LEGEN.

MIT HANDSCHUHEN DEN DECKEL AUFLEGEN …
… UND DEN TOPF WIEDER IN DEN VORGEHEIZTEN OFEN STELLEN.
EINEN TIMER AUF 30 MINUTEN STELLEN.
NACH 30 MINUTEN DEN TOPFDECKEL ABNEHMEN.
DAS BROT WIRD GANZ AUFGEGANGEN SEIN. DIE OBERSEITE SOLLTE EINEN ODER MEHRERE APPETITLICHE RISSE AUFWEISEN UND DIE KRUSTE GOLDGELB SEIN.
DEN TIMER JETZT AUF 20 MINUTEN STELLEN UND DAS BROT OHNE DECKEL WEITERBACKEN …
… BIS ES RUNDHERUM DUNKELBRAUN IST. DIE GESAMTBACKZEIT IST ALSO ETWA 50 MINUTEN.
DANN DEN GUSSEISENTOPF AUS DEM OFEN NEHMEN UND UMDREHEN, UM DAS BROT HERAUSZUSTÜRZEN.
DAS BROT AUF EINEM GITTERROST 20 BIS 30 MINUTEN AUSKÜHLEN LASSEN. DANN ERST ANSCHNEIDEN.
INNEN BACKT DAS BROT NACH DEM HERAUSNEHMEN NOCH WEITER. DIE ZEIT BRAUCHT ES, UM FERTIG ZU WERDEN.
KNISTER!
GENIEß DAS VERLOCKENDE KNISTERN UND KNACKEN DES AUSKÜHLENDEN BROTS!
KNACK!
KNUSPER!

SAUERTEIG

WAS IST SAUERTEIG?

ES GEHT SEHR SCHNELL, EINE EIGENE SAUERTEIGKULTUR ZU ZÜCHTEN, DIE DU DANN JAHRELANG VERWENDEN KANNST.
DAZU MISCHST DU VOLLKORNMEHL MIT WASSER …
… UND LÄSST ES EINEN TAG LANG AN EINEM WARMEN ORT STEHEN.
SCHON NACH 24 STUNDEN ZEIGEN SICH DIE ERSTEN BLÄSCHEN!
DANN FÜTTERST DU DEINEN ANSATZ EINE WOCHE LANG TÄGLICH MIT MEHL UND WASSER, UND SCHON KANNST DU BROT DAMIT BACKEN.
ER WIRD IM KÜHLSCHRANK AUFBEWAHRT UND ETWA EINMAL PRO WOCHE AUFGEFRISCHT …
… UND WANN IMMER DU BACKEN WILLST, NIMMST DU ETWAS DAVON AB.
SO GEHT SAUERTEIG.
RIECHT TOLL UND STECKT VOLLER GESUNDER BAKTERIEN UND HEFEN!
WIE ALLES LEBENDIGE MUSS ER GEFÜTTERT WERDEN!
HUNGER!

DEN SAUERTEIG ANSETZEN

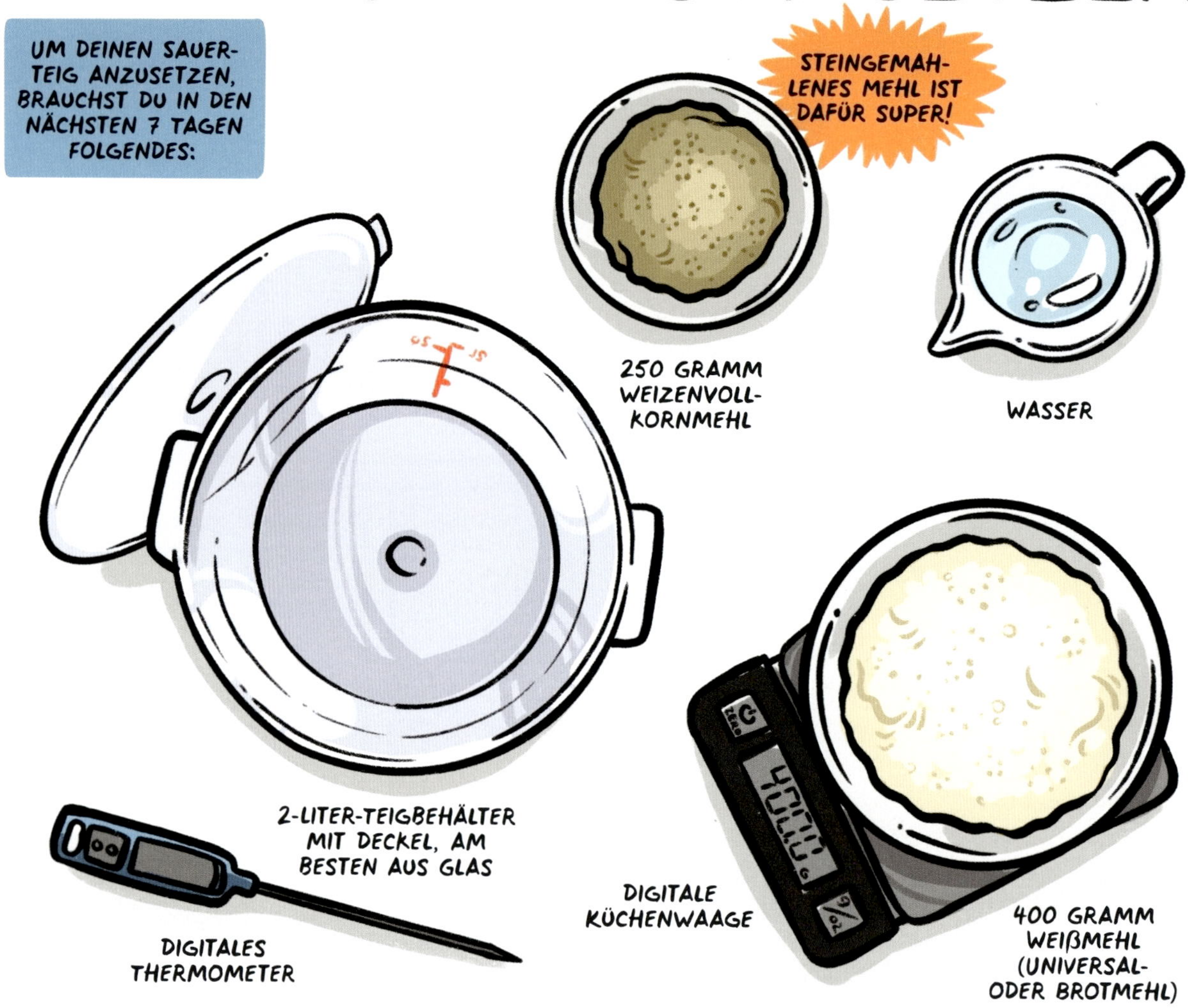

50 GRAMM WEIZENVOLLKORNMEHL MIT 50 GRAMM WASSER (35-38 °C) MIT DER HAND VERMISCHEN.
50G
50G
35 °C
EIN BIS ZWEI STUNDEN OFFEN STEHEN LASSEN …
131g
… DANN DEN DECKEL AUFLEGEN.
ÜBER NACHT BEI ZIMMERTEMPERATUR STEHEN LASSEN, 20 BIS 21 °C REICHEN AUS.
131g
TAG 2 (UNGEFÄHR 24 STUNDEN SPÄTER)
50 GRAMM VOLLKORNMEHL UND 50 GRAMM WASSER (35-38 °C) ZUR MISCHUNG VON GESTERN HINZUFÜGEN.
50G
50G
35 °C
131g
MIT DER HAND VERMISCHEN.
DECKEL AUFLEGEN. NICHT KÜHL STELLEN.

TAG 3
(UNGEFÄHR 24 STUNDEN SPÄTER)
DEIN ANSATZ SOLLTE JETZT BLASEN ZEIGEN UND LEBENDIG WIRKEN!
50 GRAMM VOLLKORNMEHL UND 50 GRAMM WASSER (35-38 °C) HINZUFÜGEN. MIT DER HAND VERMISCHEN.
50 G
50 G
35 °C
DECKEL AUFLEGEN. NICHT KÜHL STELLEN.
TAG 4
(UNGEFÄHR 24 STUNDEN SPÄTER)
WENN DEIN ANSATZ JETZT NOCH NICHT LEBENDIG WIRKT, IST ETWAS SCHIEFGELAUFEN.
IN DEM FALL ENTSORGST DU IHN UND FÄNGST MIT EINEM ANDEREN WEIZENVOLLKORNMEHL NOCHMAL VON VORNE AN.
DIESMAL FÜGST DU 100 GRAMM VOLLKORNMEHL UND 100 GRAMM WASSER (35-38 °C) HINZU. WIEDER MIT DER HAND VERMISCHEN.
100 G
100 G
35 °C
DECKEL AUFLEGEN. NICHT KÜHL STELLEN.

TAG 5
(UNGEFÄHR 24 STUNDEN SPÄTER)
DU HAST EINE NETZARTIGE, KOHLENSÄURE- UND ALKOHOLHALTIGE KULTUR MIT LEBENDIGEN BAKTERIEN VOR DIR! JUHU!
WEITER GEHT'S MIT WEIßMEHL.
131g
ÜBERPRÜFE DIE GEWICHTSANGABE, DIE DU AUF DEINEN BEHÄLTER GESCHRIEBEN HAST.
JETZT WIRD ES EIN BISSCHEN KLEBRIG: LEG DIR ALSO EIN KÜCHENTUCH IN REICHWEITE, STELL DIR WAAGE UND MÜLLEIMER BEREIT UND BEFEUCHTE DEINE HAND.
NIMM DEN ANSATZ BIS AUF 100 GRAMM AUS DEM BEHÄLTER.
131
+100
=231
100 GRAMM WEIßMEHL UND 100 GRAMM WASSER (29°C) HINZUGEBEN. MIT DER HAND VERMISCHEN.
100G
100G
29°C
DECKEL DRAUF UND ÜBER NACHT STEHEN LASSEN.
TAG 6
(UNGEFÄHR 24 STUNDEN SPÄTER)
DER NEUE ANSATZ SOLLTE JETZT VIELE BLASEN WERFEN UND STARK DUFTEN.
ER SOLLTE LEICHT LEDRIG UND SCHON ETWAS SÄUERLICH RIECHEN.
NIMM DEN ANSATZ BIS AUF 50 GRAMM AUS DEM BEHÄLTER.
181.0
g/oz

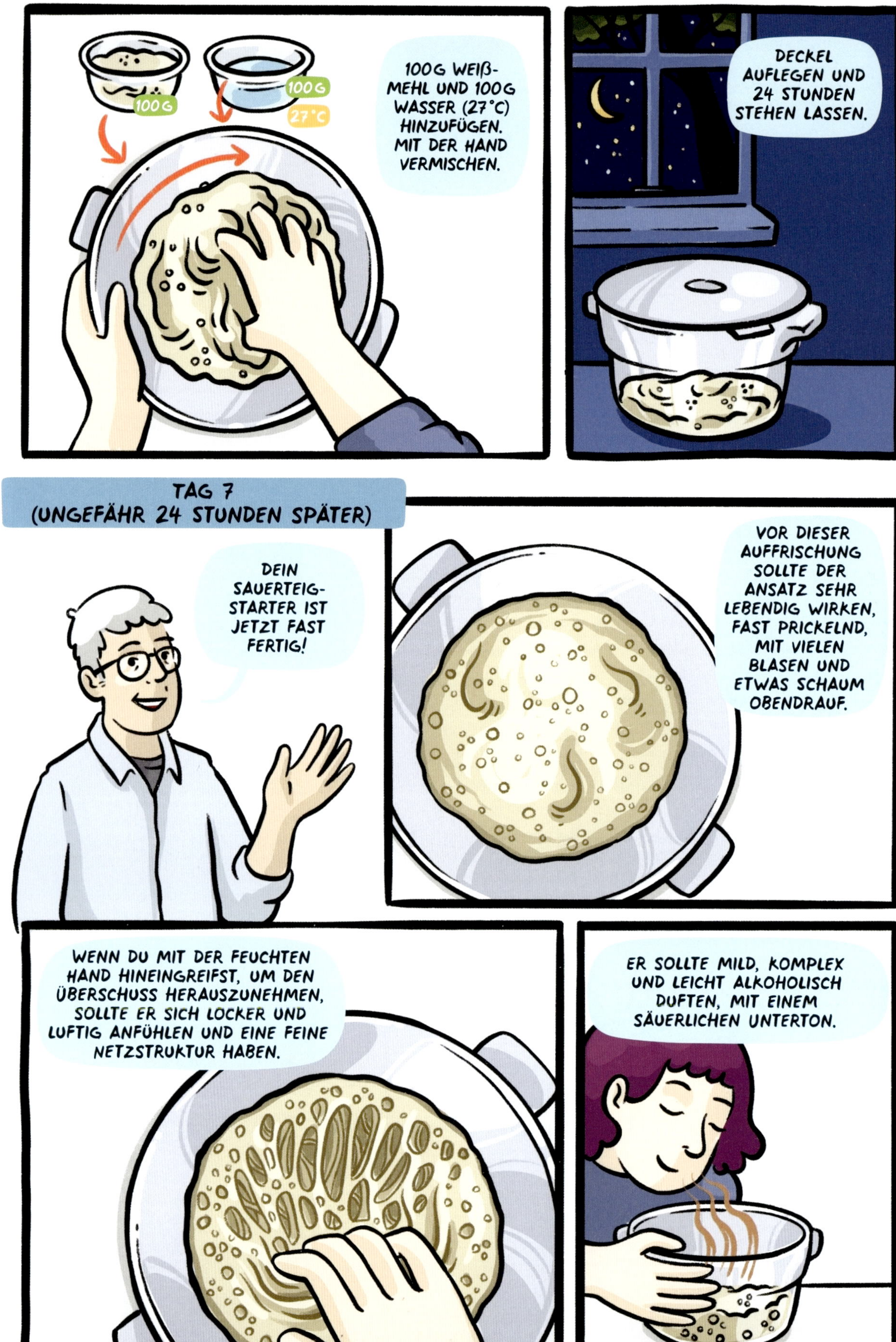
100G
100G
27°C
100G WEIß-MEHL UND 100G WASSER (27°C) HINZUFÜGEN. MIT DER HAND VERMISCHEN.
DECKEL AUFLEGEN UND 24 STUNDEN STEHEN LASSEN.
TAG 7 (UNGEFÄHR 24 STUNDEN SPÄTER)
DEIN SAUERTEIG-STARTER IST JETZT FAST FERTIG!
VOR DIESER AUFFRISCHUNG SOLLTE DER ANSATZ SEHR LEBENDIG WIRKEN, FAST PRICKELND, MIT VIELEN BLASEN UND ETWAS SCHAUM OBENDRAUF.
WENN DU MIT DER FEUCHTEN HAND HINEINGREIFST, UM DEN ÜBERSCHUSS HERAUSZUNEHMEN, SOLLTE ER SICH LOCKER UND LUFTIG ANFÜHLEN UND EINE FEINE NETZSTRUKTUR HABEN.
ER SOLLTE MILD, KOMPLEX UND LEICHT ALKOHOLISCH DUFTEN, MIT EINEM SÄUERLICHEN UNTERTON.

NIMM DEN ANSATZ BIS AUF 50 GRAMM HERAUS …
131g
…UND FÜGE 200 GRAMM WEIßMEHL UND 200 GRAMM WASSER (27°C) HINZU. MIT DER HAND VERMISCHEN.
200G
200G
27°C
DANN DECKEL AUFLEGEN UND ETWA 24 STUNDEN STEHEN LASSEN.
DER ANSATZ BRAUCHT UNBEDINGT GENUG ZEIT, UM SICH BESTMÖGLICH ZU ENTWICKELN!
AM NÄCHSTEN TAG KANNST DU EINEN TEIL SOFORT VERWENDEN UND DEN REST IM KÜHLSCHRANK AUFBEWAHREN.
HERZLICHEN GLÜCKWUNSCH, DEIN SAUERTEIGSTARTER, IN DER FACHSPRACHE »ANSTELLGUT« GENANNT, IST FERTIG!
JETZT MUSST DU IHN NUR VERWENDEN UND DEN REST REGELMÄßIG FÜTTERN!

DAS ANSTELLGUT PFLEGEN
ALLE 7 BIS 10 TAGE (ODER NACH BEDARF)

NOCH MEHR ÜBER TEMPERATUR

DAS ANSTELLGUT TEILEN

DIE KÜHLE LAGERUNG

GEKÜHLT GELAGERTES ANSTELLGUT REAKTIVIEREN

TAG 2, ABENDS
DER ANSATZ SOLLTE LEBENDIG WIRKEN UND VIELE BLASEN WERFEN.
ALLES BIS AUF 50 GRAMM HERAUSNEHMEN …
… UND 200 G WEIßMEHL UND 200 G WASSER (29 °C) HINZUFÜGEN.
200 G
200 G
29 °C
MIT DER HAND VERMISCHEN.
ABDECKEN …
… UND BEI ZIMMERTEMPERATUR 20 BIS 24 STUNDEN STEHEN LASSEN.
TAG 3, ABENDS
DEIN ANSTELLGUT SOLLTE JETZT EINSATZBEREIT SEIN.
DU KANNST ES WIEDER IN DEN KÜHLSCHRANK STELLEN UND WIE GEWOHNT JEDE WOCHE AUFFRISCHEN.

REPRODUKTION & FERMENTATION

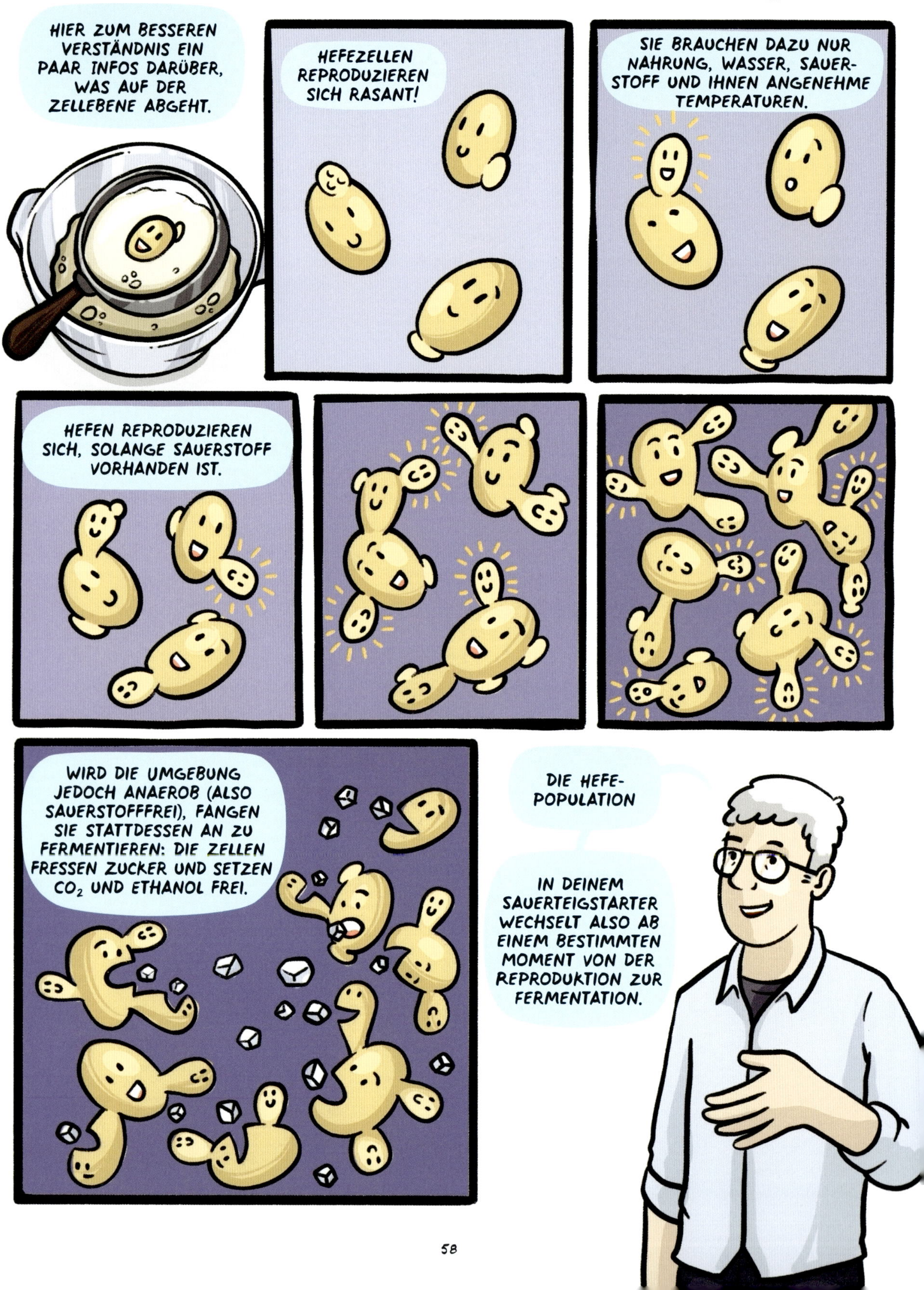

ABER DAS IST KEIN RADIKALER WECHSEL.
MEISTENS PASSIERT EIN BISSCHEN WAS VON BEIDEM – REPRODUKTION UND FERMENTATION LAUFEN GLEICHZEITIG AB.
ZU VIEL FERMENTATION ERZEUGT ESSIGSÄURE, UND DIE SORGT FÜR DEN SÄUERLICHEN GESCHMACK DES TEIGS.
MEINE METHODE HAT DAS ZIEL, EINE GROẞE HEFEZELLENPOPULATION AUFZUBAUEN, OHNE GLEICH ALLZU VIEL FERMENTATIONSAKTIVITÄT AUSZULÖSEN.
DESHALB BEGINNEN WIR MIT EINER KLEINEN TEIGMENGE UND FRISCHEN DEN ANSATZ IMMER WIEDER MIT HOCHWERTIGEM MEHL UND WARMEM WASSER AUF.
DAS IST DER BESTE WEG, EIN MILDES ANSTELLGUT ZU BEKOMMEN, DAS VOLLER KOMPLEXER AROMEN STECKT, ABER NICHT ZU SAUER IST.

DIE REZEPTE

EINFÜHRUNG IN DIE REZEPTE

EINTAGESBROTE	EMPFEHLUNG	ALTERNATIVE
DAS SAMSTAGSBROT (SEITE 65)	GUSSEISENTOPF	KASTENFORM
VARIANTEN DES SAMSTAGSBROTS:		
40%IGES VOLLKORNBROT (SEITE 77)	GUSSEISENTOPF	KASTENFORM
MAISKORNBROT (SEITE 78)	KASTENFORM	GUSSEISENTOPF
BUTTERBROT (SEITE 79)	KASTENFORM	GUSSEISENTOPF
ROSINEN-PEKAN-BROT (SEITE 82)	GUSSEISENTOPF	KASTENFORM
DAS STANDARDBROT (SEITE 85)	KASTENFORM	GUSSEISENTOPF
VARIANTE DES STANDARDBROTS:		
STANDARDBROT NR. 2 (SEITE 96)	KASTENFORM	GUSSEISENTOPF
VIELKORNBROT (SEITE 102)	KASTENFORM	GUSSEISENTOPF
MEHRTAGES-SAUERTEIGBROTE		
LANDBROT (SEITE 114)	GUSSEISENTOPF	
VARIANTE DES LANDBROTS:		
WALNUSSBROT (SEITE 127)	GUSSEISENTOPF	
SPECKBROT (SEITE 128)	GUSSEISENTOPF	

DIE BÄCKERPROZENTE

DAS SAMSTAGSBROT

ERGIBT: 1 BROTLAIB
STOCKGARE: ETWA 5 STUNDEN
STÜCKGARE: ETWA 1¼ STUNDEN

ZEITPLAN:
LOSLEGEN UM 9.30 UHR
TEIG FERTIG UM 10 UHR
LAIB FORMEN UM 15 UHR
BACKEN UM 16.15 UHR
UM KURZ NACH 17 UHR HOLST DU DAS FERTIGE BROT AUS DEM OFEN.

ZUTAT	MENGE		BÄCKER-PROZENTE
WEIßMEHL	500G		100%
WASSER	360G (32-35°C)		72%
FEINES MEERSALZ	11G	2¼TL	2.2%
INSTANT-TROCKENHEFE	2G	½TL	0.4%

1: VORTEIG (AUTOLYSE)
500 GRAMM MEHL MIT 360 GRAMM WASSER (32-35 °C) IN EINEN RUNDEN 6-LITER-BEHÄLTER MIT DECKEL GEBEN.
MIT DER HAND GUT VERMISCHEN.
ABDECKEN UND 15 BIS 20 MINUTEN GEHEN LASSEN.
2: HAUPTTEIG
11 GRAMM SALZ UND 2 GRAMM TROCKENHEFE GLEICHMÄßIG AUF DEN TEIG STREUEN.
DIE ARBEITSHAND ANFEUCHTEN, DAMIT DER TEIG NICHT AN DEN FINGERN KLEBT.
(ZWISCHENDURCH DIE HAND NOCH 3- ODER 4-MAL INS WASSER TAUCHEN.)
UNTER DEN TEIG GREIFEN UND EIN VIERTEL ANHEBEN.
DIESEN TEIL DES TEIGS SANFT IN DIE LÄNGE DEHNEN …
… UND DANN ZUR ANDEREN TEIGSEITE ÜBERKLAPPEN.
DEN VORGANG 3-MAL MIT DEM RESTLICHEN TEIG WIEDERHOLEN, BIS SALZ UND HEFE VOLLSTÄNDIG EINGESCHLOSSEN SIND.

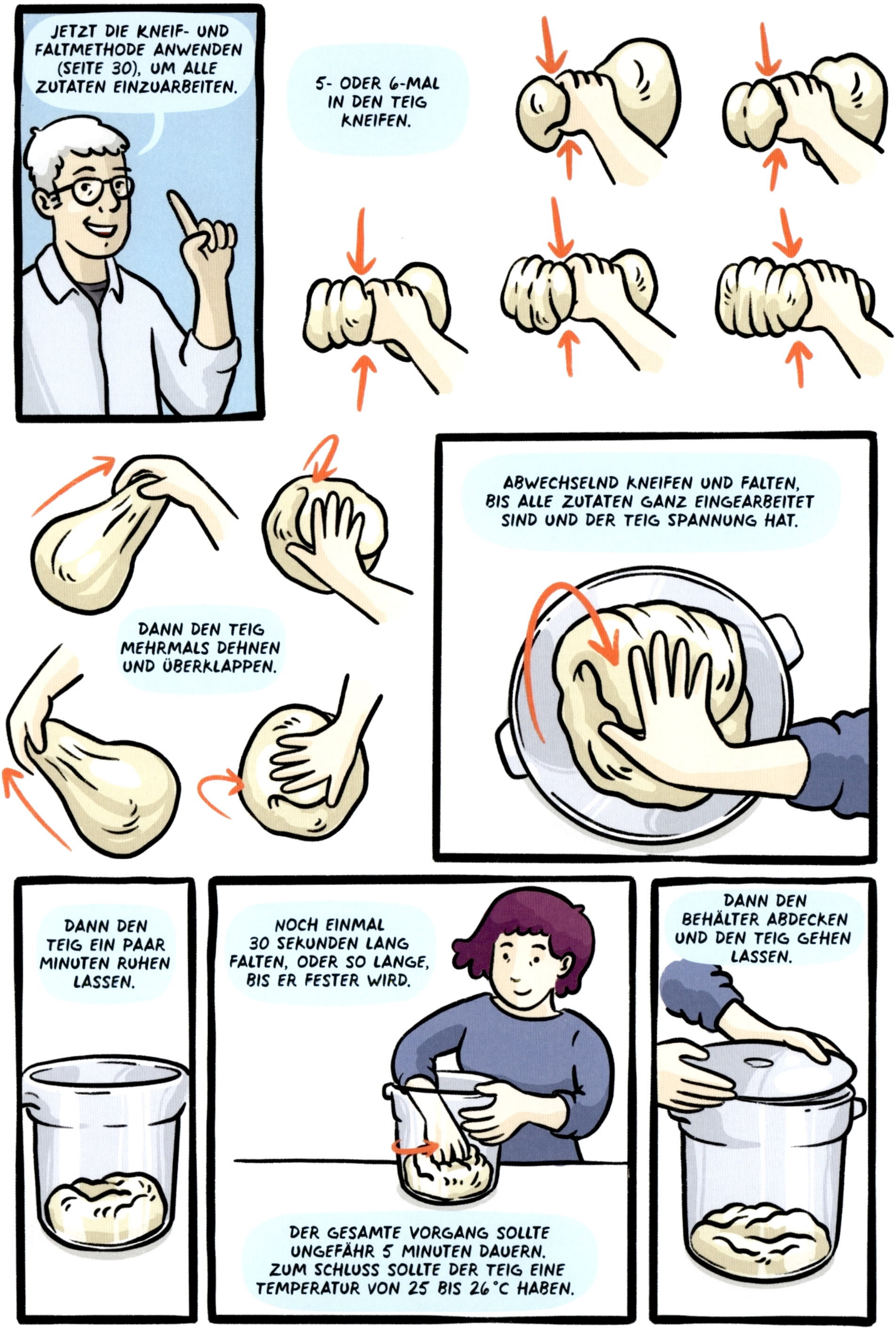
JETZT DIE KNEIF- UND FALTMETHODE ANWENDEN (SEITE 30), UM ALLE ZUTATEN EINZUARBEITEN.
5- ODER 6-MAL IN DEN TEIG KNEIFEN.
DANN DEN TEIG MEHRMALS DEHNEN UND ÜBERKLAPPEN.
ABWECHSELND KNEIFEN UND FALTEN, BIS ALLE ZUTATEN GANZ EINGEARBEITET SIND UND DER TEIG SPANNUNG HAT.
DANN DEN TEIG EIN PAAR MINUTEN RUHEN LASSEN.
NOCH EINMAL 30 SEKUNDEN LANG FALTEN, ODER SO LANGE, BIS ER FESTER WIRD.
DER GESAMTE VORGANG SOLLTE UNGEFÄHR 5 MINUTEN DAUERN. ZUM SCHLUSS SOLLTE DER TEIG EINE TEMPERATUR VON 25 BIS 26 °C HABEN.
DANN DEN BEHÄLTER ABDECKEN UND DEN TEIG GEHEN LASSEN.

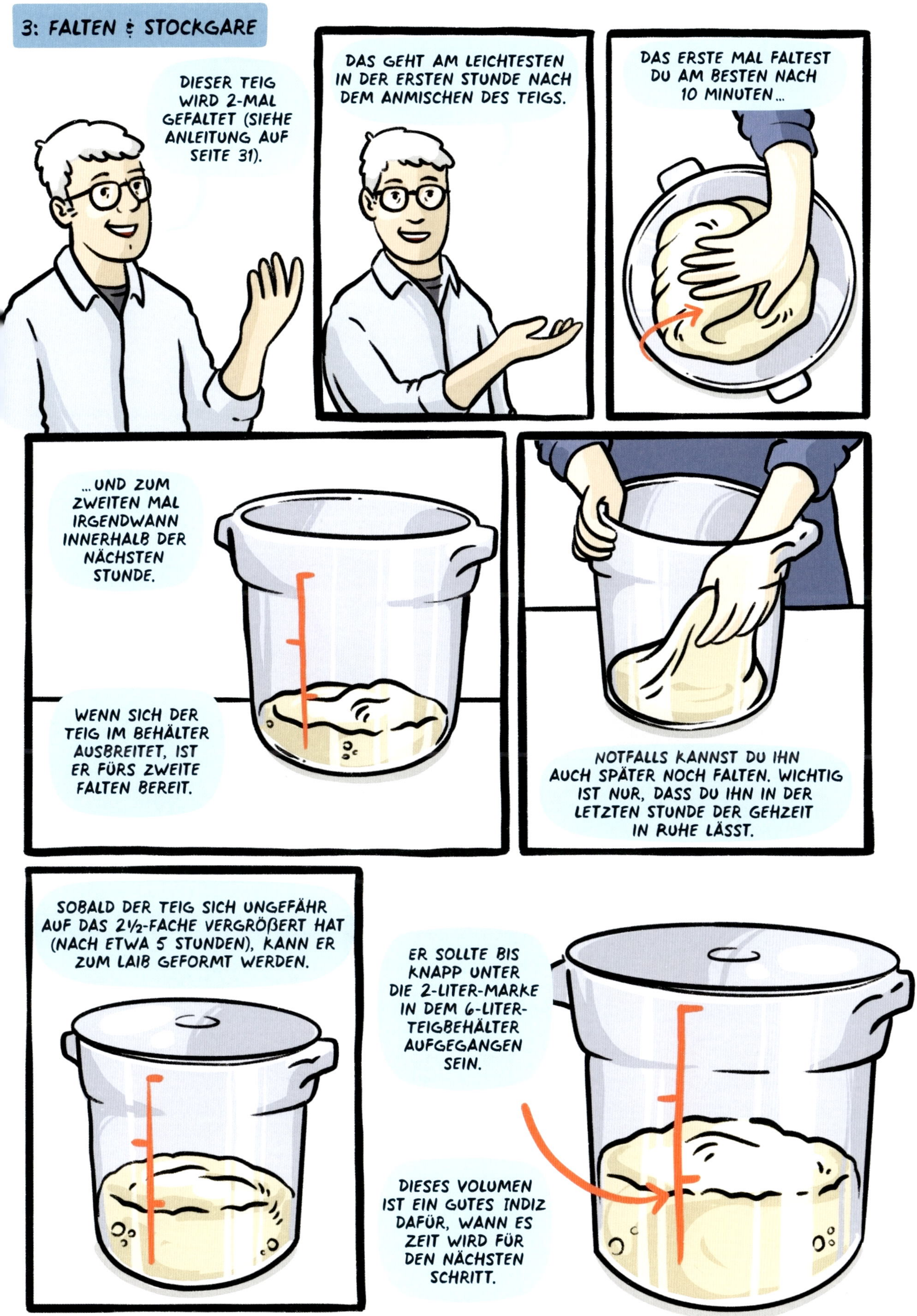
3: FALTEN & STOCKGARE
DIESER TEIG WIRD 2-MAL GEFALTET (SIEHE ANLEITUNG AUF SEITE 31).
DAS GEHT AM LEICHTESTEN IN DER ERSTEN STUNDE NACH DEM ANMISCHEN DES TEIGS.
DAS ERSTE MAL FALTEST DU AM BESTEN NACH 10 MINUTEN …
… UND ZUM ZWEITEN MAL IRGENDWANN INNERHALB DER NÄCHSTEN STUNDE.
WENN SICH DER TEIG IM BEHÄLTER AUSBREITET, IST ER FÜRS ZWEITE FALTEN BEREIT.
NOTFALLS KANNST DU IHN AUCH SPÄTER NOCH FALTEN. WICHTIG IST NUR, DASS DU IHN IN DER LETZTEN STUNDE DER GEHZEIT IN RUHE LÄSST.
SOBALD DER TEIG SICH UNGEFÄHR AUF DAS 2½-FACHE VERGRÖßERT HAT (NACH ETWA 5 STUNDEN), KANN ER ZUM LAIB GEFORMT WERDEN.
ER SOLLTE BIS KNAPP UNTER DIE 2-LITER-MARKE IN DEM 6-LITER-TEIGBEHÄLTER AUFGEGANGEN SEIN.
DIESES VOLUMEN IST EIN GUTES INDIZ DAFÜR, WANN ES ZEIT WIRD FÜR DEN NÄCHSTEN SCHRITT.

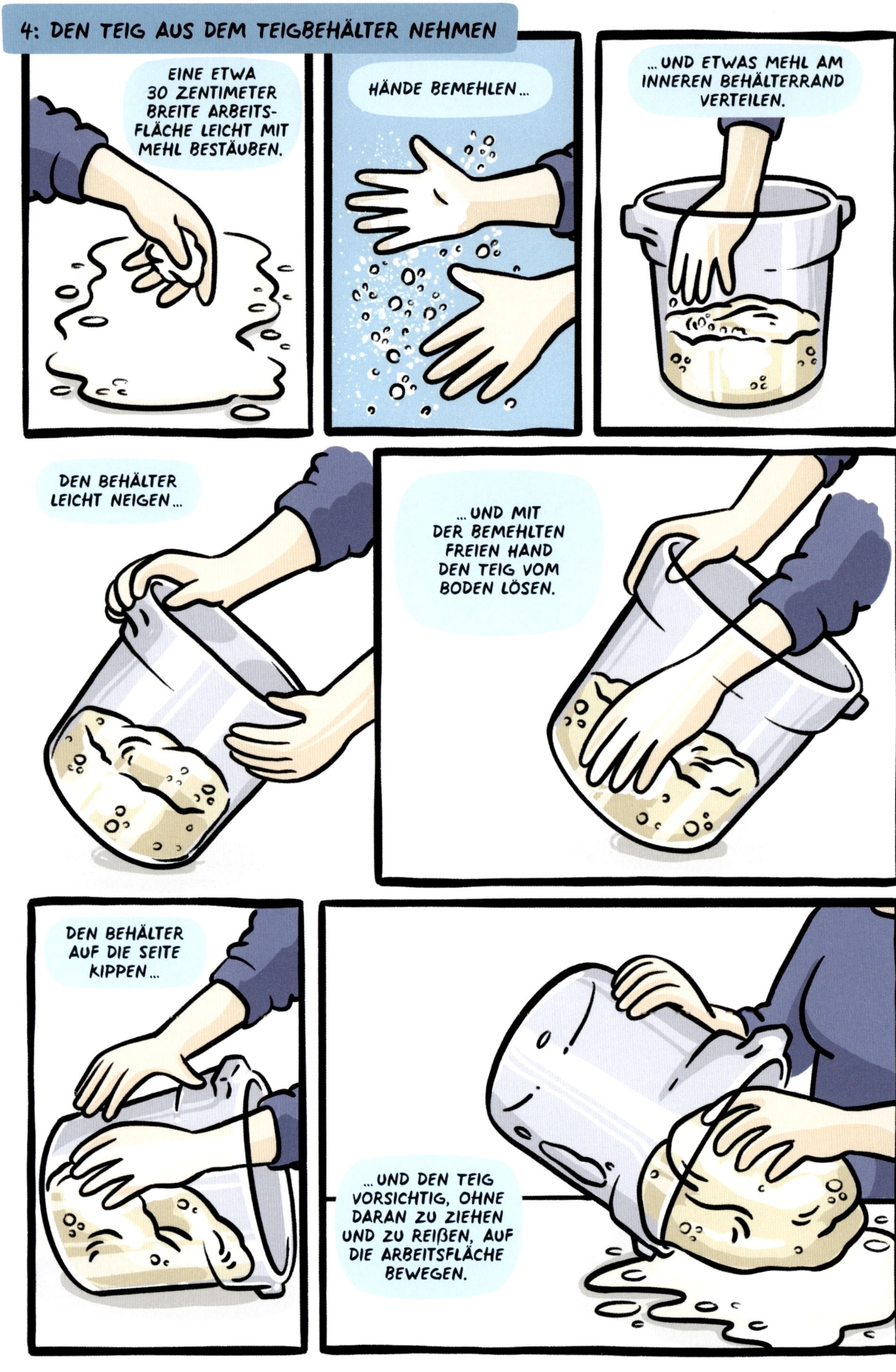
4: DEN TEIG AUS DEM TEIGBEHÄLTER NEHMEN
EINE ETWA 30 ZENTIMETER BREITE ARBEITSFLÄCHE LEICHT MIT MEHL BESTÄUBEN.
HÄNDE BEMEHLEN...
...UND ETWAS MEHL AM INNEREN BEHÄLTERRAND VERTEILEN.
DEN BEHÄLTER LEICHT NEIGEN...
...UND MIT DER BEMEHLTEN FREIEN HAND DEN TEIG VOM BODEN LÖSEN.
DEN BEHÄLTER AUF DIE SEITE KIPPEN...
...UND DEN TEIG VORSICHTIG, OHNE DARAN ZU ZIEHEN UND ZU REIßEN, AUF DIE ARBEITSFLÄCHE BEWEGEN.

5: DEN LAIB FORMEN
EINEN GÄRKORB MIT MEHL BESTÄUBEN.
ES SOLL GENUG SEIN, UM DEN TEIG NACH DER GARE LEICHT HERAUSZULÖSEN, ABER NICHT SO VIEL, DASS SEHR VIEL ÜBERSCHÜSSIGES MEHL DARAUF LIEGT.
DEN TEIG ZU EINER MITTELFESTEN KUGEL FORMEN, WIE AUF SEITE 34 BESCHRIEBEN.
DEN LAIB DANN MIT DER NAHT NACH UNTEN IN DEN BEMEHLTEN GÄRKORB LEGEN.
6: DIE STÜCKGARE
DEN GÄRKORB IN EINE PLASTIKTÜTE STECKEN, DAMIT DER TEIG NICHT AUSTROCKNET.
SIE MUSS NICHT LUFTDICHT ABSCHLIEßEN.
BETRÄGT DIE ZIMMERTEMPERATUR BEI DIR UNGEFÄHR 21°C, KANNST DU DAS BACKEN FÜR 1¼ STUNDEN NACH DEM FORMEN DES LAIBES EINPLANEN.
IST ES IN DEINER KÜCHE WÄRMER, WIRD DEIN BROT SCHON NACH CA. 1 STUNDE FERTIG GEGANGEN SEIN.
MACH DEN FINGERTEST (SIEHE SEITE 36), UM FESTZUSTELLEN, OB DAS BROT ZUM BACKEN BEREIT IST!
NACH 1 STUNDE SOLLTEST DU KONTROLLIEREN, OB DER TEIG SCHON BACKBEREIT IST – GANZ EGAL, WELCHE TEMPERATUR BEI DIR HERRSCHT.
BEI DIESEM REZEPT KÖNNEN SCHON 15 MINUTEN MEHR ODER WENIGER DARÜBER ENTSCHEIDEN, OB DAS BROT PERFEKT WIRD ODER EIN BISSCHEN ZUSAMMENFÄLLT.

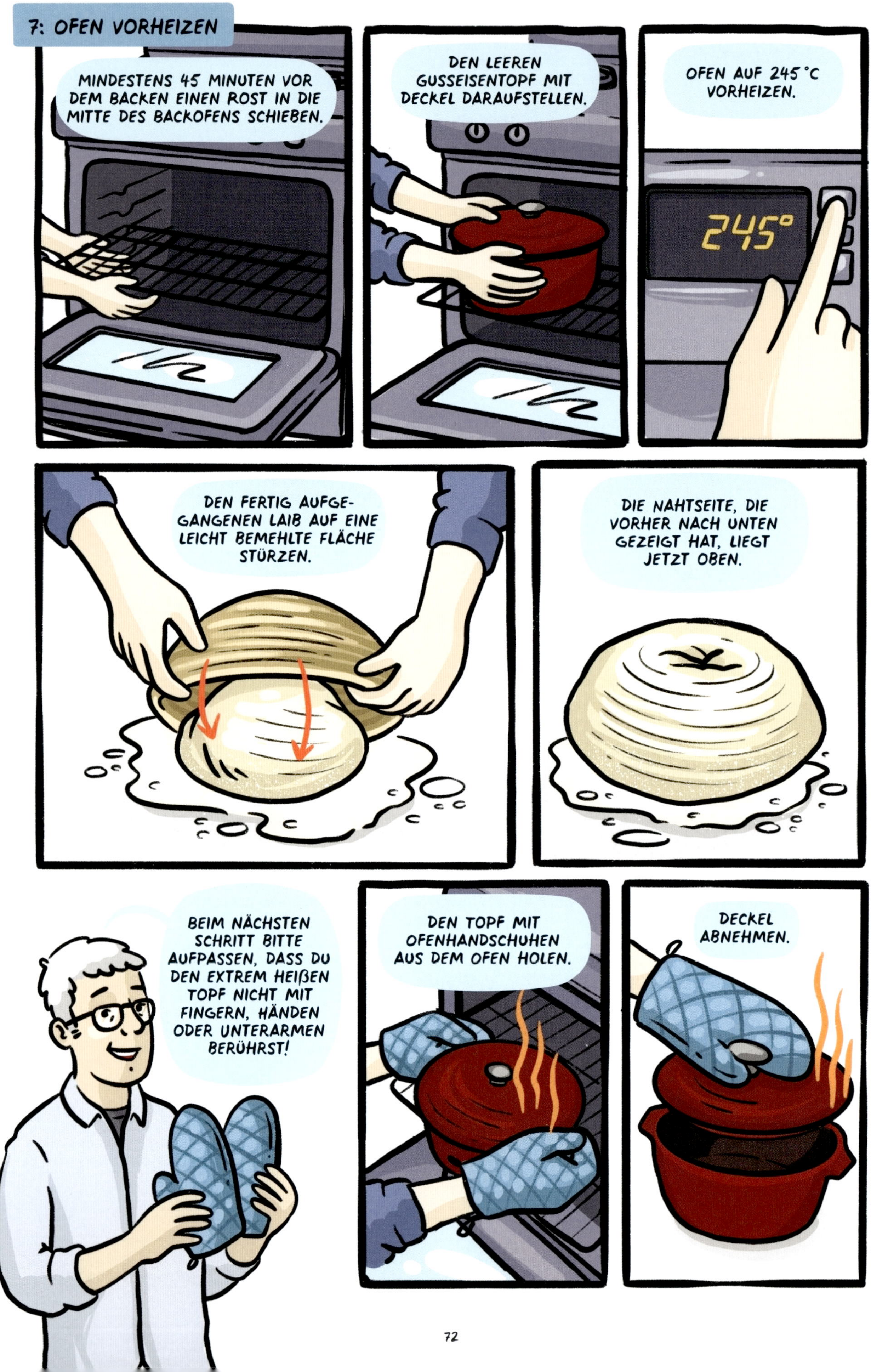
7: OFEN VORHEIZEN
MINDESTENS 45 MINUTEN VOR DEM BACKEN EINEN ROST IN DIE MITTE DES BACKOFENS SCHIEBEN.
DEN LEEREN GUSSEISENTOPF MIT DECKEL DARAUFSTELLEN.
OFEN AUF 245 °C VORHEIZEN.
245°
DEN FERTIG AUFGEGANGENEN LAIB AUF EINE LEICHT BEMEHLTE FLÄCHE STÜRZEN.
DIE NAHTSEITE, DIE VORHER NACH UNTEN GEZEIGT HAT, LIEGT JETZT OBEN.
BEIM NÄCHSTEN SCHRITT BITTE AUFPASSEN, DASS DU DEN EXTREM HEIßEN TOPF NICHT MIT FINGERN, HÄNDEN ODER UNTERARMEN BERÜHRST!
DEN TOPF MIT OFENHANDSCHUHEN AUS DEM OFEN HOLEN.
DECKEL ABNEHMEN.

DEN LAIB VORSICHTIG MIT DER NAHT NACH OBEN IN DEN TOPF LEGEN.
MIT DEM HANDSCHUH DEN DECKEL WIEDER AUFLEGEN.
DANN DEN TOPF ZURÜCK IN DEN OFEN STELLEN.
30 MINUTEN BACKEN.
DANN VORSICHTIG DEN DECKEL ABNEHMEN UND DAS BROT NOCH ETWA 20 MINUTEN WEITERBACKEN …
… BIS ES RUNDHERUM MINDESTENS MITTELBRAUN GEWORDEN IST.
NACH 15 MINUTEN OFFENER BACKZEIT ZUR SICHERHEIT CHECKEN, DASS DEIN BROT NICHT ZU DUNKEL WIRD.
DEN TOPF HERAUSNEHMEN …
… UND VORSICHTIG KIPPEN, UM DAS BROT HERAUSZULÖSEN.

AUF EINEM GITTERROST AUSKÜHLEN LASSEN ...
... ODER DAS BROT HOCHKANT STELLEN, SODASS ES VON ALLEN SEITEN LUFT BEKOMMT.
VOR DEM ANSCHNEIDEN MINDESTENS 20 MINUTEN RUHEN LASSEN.

EINTAGESBROTE MIT SAUERTEIGSTARTER

VARIANTEN DES SAMSTAGSBROTS

DAS 40%IGE VOLLKORNBROT

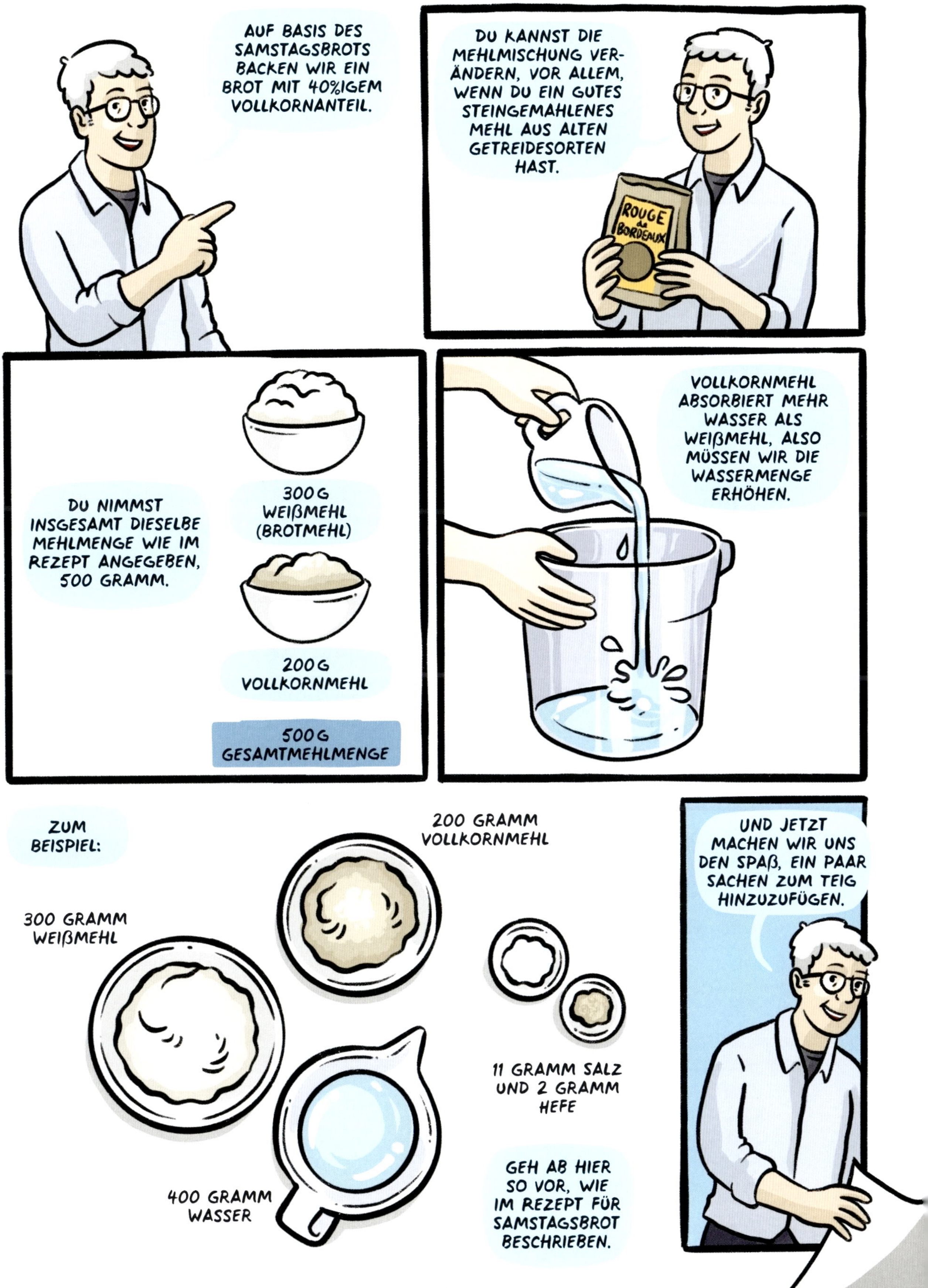

DAS MAISKORNBROT

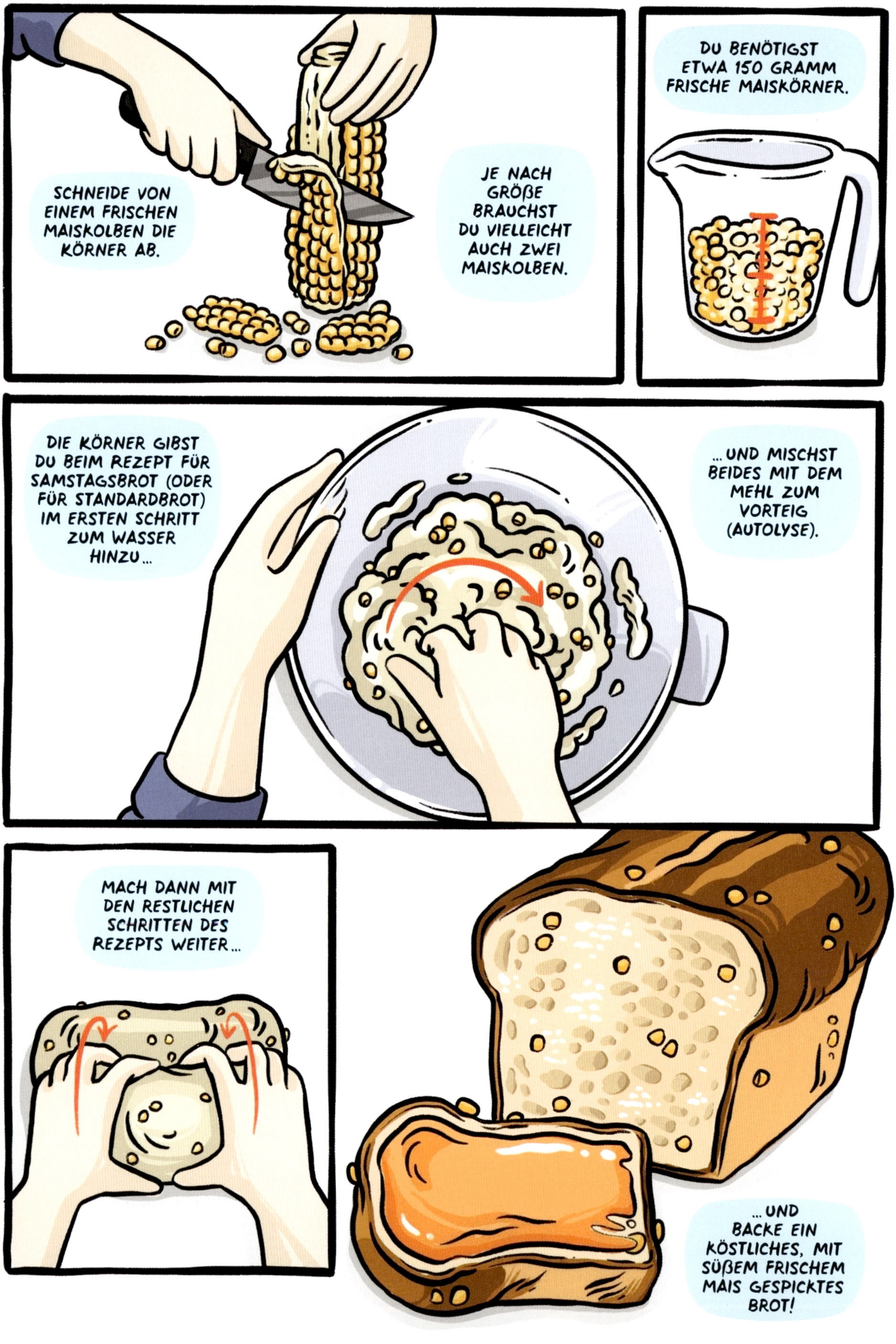

DAS BUTTERBROT

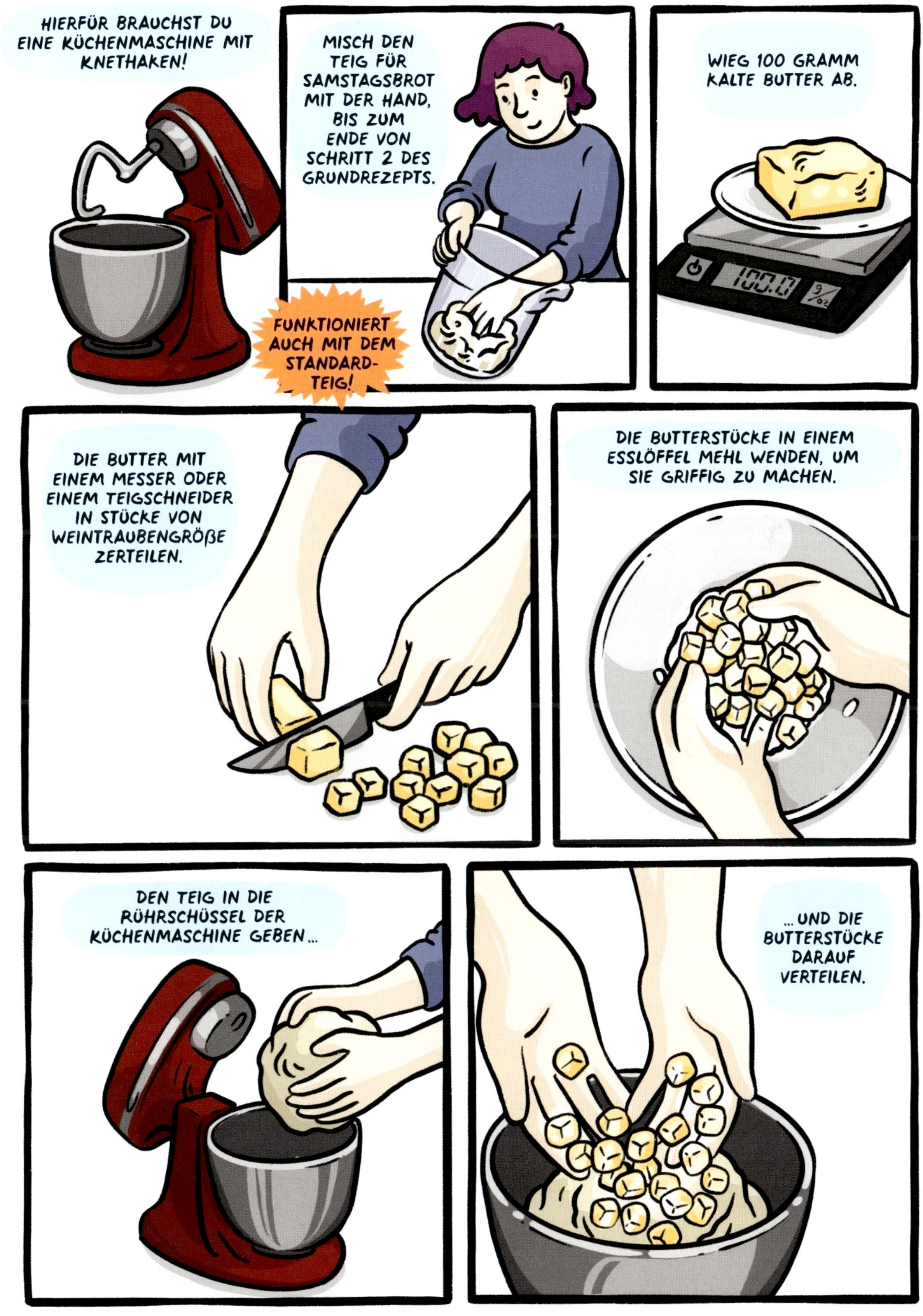

AUF NIEDRIGER STUFE ETWA 2 MINUTEN DURCHARBEITEN …
… UND DANN AUF MITTLERER STUFE NOCH EINMAL 5 MINUTEN.
IST KEINE BUTTER MEHR ZU SEHEN UND ALLES GLEICHMÄẞIG EINGEARBEITET, IST DER TEIG FERTIG!
HERAUSNEHMEN UND AUF EINER LEICHT BEMEHLTEN FLÄCHE FALTEN.
DANN IN DEN TEIGBEHÄLTER LEGEN UND GEHEN LASSEN.
WÄHREND DER ERSTEN STUNDE DER GEHZEIT NOCH 1- BIS 2-MAL FALTEN.
DEN TEIG AUF DAS ETWA 2½-FACHE SEINES VOLUMENS AUFGEHEN LASSEN.
WIE LANGE DAS DAUERT, HÄNGT VOM REZEPT AB, DAS DU VERWENDEST.
DAS SAMSTAGS-BROT MUSS LÄNGER GEHEN ALS DAS STANDARD-BROT.
BEHALT DEN TEIG IM AUGE, DENN ER GEHT SCHNELLER AUF ALS DIE ANDEREN TEIGE!

DEN TEIG SAMT BEHÄLTER FÜR DIE LETZTE STUNDE DER GEHZEIT IN DEN KÜHLSCHRANK STELLEN.
ER SOLLTE BIS ETWA AN DIE 2-LITER-MARKIERUNG DES TEIGBEHÄLTERS AUFGEHEN.
DEN TEIG AUS DEM BEHÄLTER NEHMEN UND ZU EINEM LAIB FORMEN, SOLANGE ER NOCH KALT IST.
DANN ETWA 1 STUNDE GEHEN LASSEN.
BROT IM GUSSEISENTOPF GENAUSO LANGE UND HEIẞ BACKEN WIE DAS SAMSTAGSBROT.
BROT IN DER BACKFORM 50 MINUTEN BEI 220°C BACKEN.

DAS ROSINEN-PEKAN-BROT

ZUM BEISPIEL:

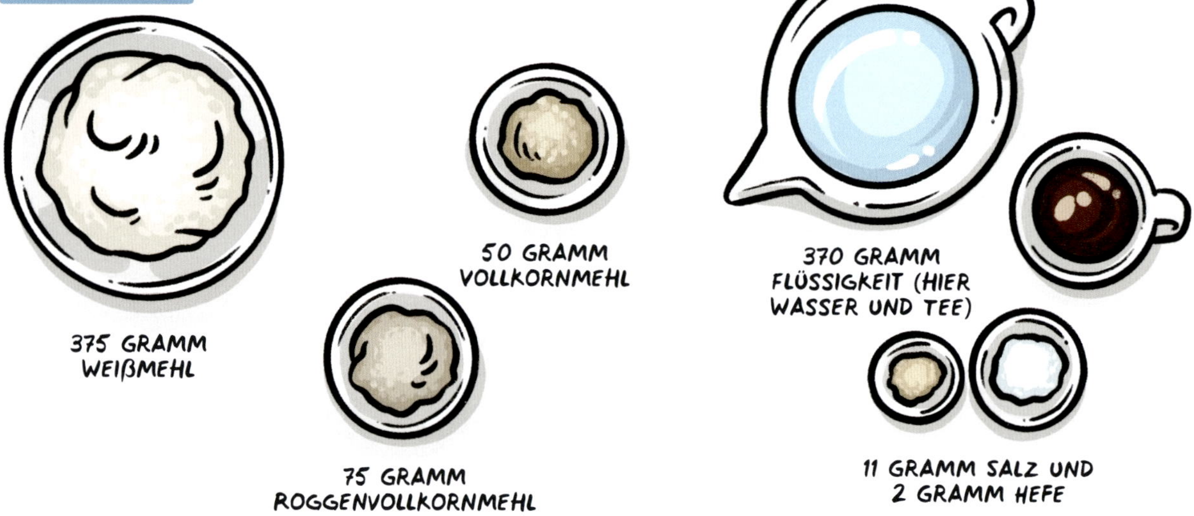

DIE ROSINEN MÜSSEN EIN PAAR STUNDEN EINWEICHEN, WENN'S GEHT, ÜBER NACHT.
AUF JEDEN FALL MUSS SICH DIE FLÜSSIGKEIT AUF ZIMMERTEMPERATUR ABGEKÜHLT ...
... UND DIE ROSINEN DEN TEE KOMPLETT ABSORBIERT HABEN.
BEVOR DU DICH AN DEN VORTEIG MACHST, DIE ROSINEN ABSEIHEN UND DIE FLÜSSIGKEIT AUFHEBEN.
DIE ROSINEN DABEI LEICHT AUSDRÜCKEN.
185 GRAMM DER EINWEICHFLÜSSIGKEIT IN DEN TEIGBEHÄLTER GEBEN,
185 GRAMM WASSER (32-35 °C) ZUGIEßEN, SODASS DU 370 GRAMM FLÜSSIGKEIT HAST.
DANN DIE ROSINEN HINZUFÜGEN.

FALLS DU WILLST, KANNST DU JETZT 100 GRAMM DEINES ANSTELLGUTS MIT DEN FINGERN UNTERMISCHEN.
DIE MEHLMISCHUNG IN DEN TEIGBEHÄLTER GEBEN.
DANN 80 BIS 100 GRAMM GEHACKTE PEKANNÜSSE ZUFÜGEN.
MIT DER HAND UNTERMISCHEN, DEN TEIG 15 MINUTEN RUHEN LASSEN, DANN SALZ UND HEFE ZUGEBEN UND DEM GRUNDREZEPT WEITER FOLGEN.
BEHALT DEN TEIG WÄHREND DES GEHENS IM AUGE, ER GEHT SCHNELLER AUF ALS GEWÖHNLICH!

DAS STANDARDBROT

ERGIBT:	1 BROTLAIB
STOCKGARE:	3 BIS 3,5 STUNDEN
STÜCKGARE:	ETWA 1 STUNDE

ZEITPLAN:
LOSLEGEN UM 9.30 UHR
TEIG FERTIG UM 10 UHR
LAIB FORMEN UM 13.30 UHR
BACKEN UM 14.30 UHR

ZUTAT	MENGE		BÄCKER-PROZENTE
WEIßMEHL	400G		80%
WEIZENVOLLKORNMEHL	100G		20%
WASSER	390G (32-35 °C)		78%
FEINES MEERSALZ	11G	2¼ TL	2.2%
INSTANT-TROCKENHEFE	3G	3/4 TL	0.6%
ANSTELLGUT (OPTIONAL)	100G		9% DER GESAMTMEHLMENGE

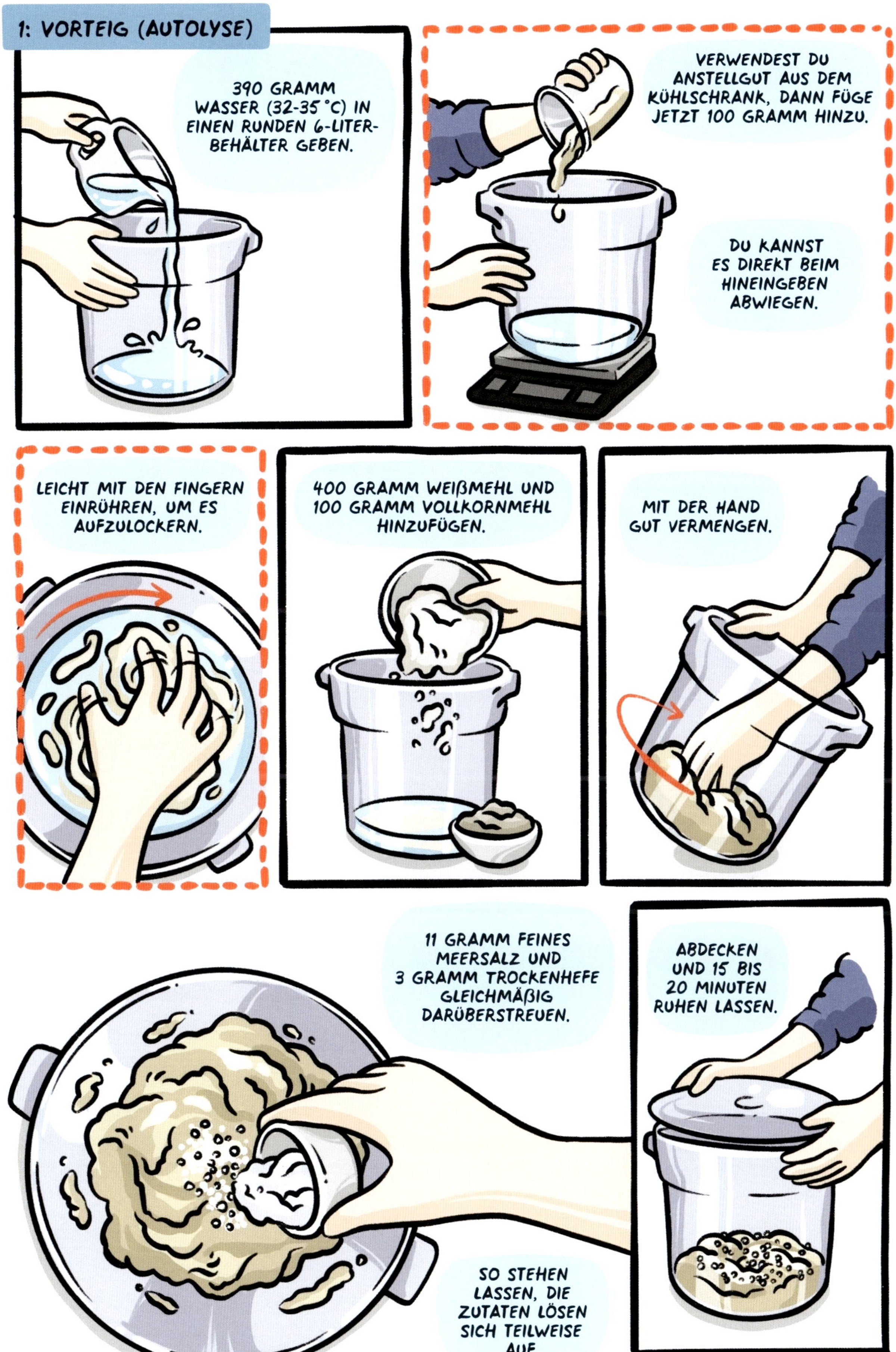
1: VORTEIG (AUTOLYSE)
390 GRAMM WASSER (32-35 °C) IN EINEN RUNDEN 6-LITER-BEHÄLTER GEBEN.
VERWENDEST DU ANSTELLGUT AUS DEM KÜHLSCHRANK, DANN FÜGE JETZT 100 GRAMM HINZU.
DU KANNST ES DIREKT BEIM HINEINGEBEN ABWIEGEN.
LEICHT MIT DEN FINGERN EINRÜHREN, UM ES AUFZULOCKERN.
400 GRAMM WEIẞMEHL UND 100 GRAMM VOLLKORNMEHL HINZUFÜGEN.
MIT DER HAND GUT VERMENGEN.
11 GRAMM FEINES MEERSALZ UND 3 GRAMM TROCKENHEFE GLEICHMÄẞIG DARÜBERSTREUEN.
SO STEHEN LASSEN, DIE ZUTATEN LÖSEN SICH TEILWEISE AUF.
ABDECKEN UND 15 BIS 20 MINUTEN RUHEN LASSEN.

2: HAUPTTEIG
DIE ARBEITSHAND ANFEUCHTEN, DAMIT DER TEIG NICHT AN DEN FINGERN KLEBT.
UNTER DEN TEIG GREIFEN UND EIN VIERTEL ANHEBEN.
DIESEN TEIL SANFT IN DIE LÄNGE DEHNEN UND DANN ZUR ANDEREN TEIGSEITE ÜBERKLAPPEN.
DEN VORGANG 3-MAL MIT DEM RESTLICHEN TEIG WIEDERHOLEN, BIS SALZ UND HEFE VOLLSTÄNDIG EINGESCHLOSSEN SIND.
DANN DIE ZUTATEN MIT DER KNEIF- UND FALTMETHODE GUT EINARBEITEN.
5- BIS 6-MAL IN DEN TEIG KNEIFEN.
DANN DEN TEIG NOCH EIN PAARMAL FALTEN.

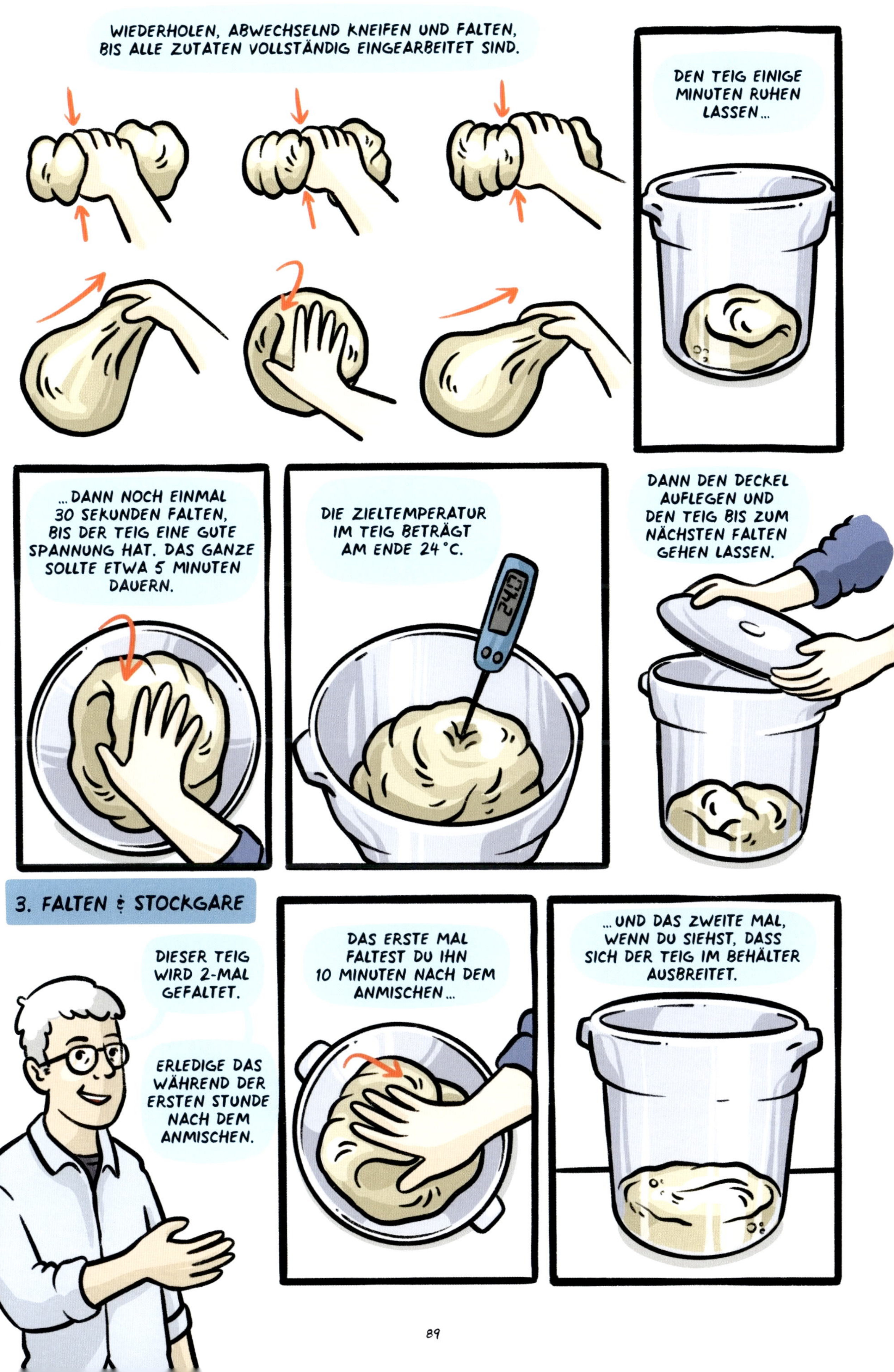
WIEDERHOLEN, ABWECHSELND KNEIFEN UND FALTEN, BIS ALLE ZUTATEN VOLLSTÄNDIG EINGEARBEITET SIND.
DEN TEIG EINIGE MINUTEN RUHEN LASSEN...
...DANN NOCH EINMAL 30 SEKUNDEN FALTEN, BIS DER TEIG EINE GUTE SPANNUNG HAT. DAS GANZE SOLLTE ETWA 5 MINUTEN DAUERN.
DIE ZIELTEMPERATUR IM TEIG BETRÄGT AM ENDE 24 °C.
24.2
DANN DEN DECKEL AUFLEGEN UND DEN TEIG BIS ZUM NÄCHSTEN FALTEN GEHEN LASSEN.
3. FALTEN & STOCKGARE
DIESER TEIG WIRD 2-MAL GEFALTET.
ERLEDIGE DAS WÄHREND DER ERSTEN STUNDE NACH DEM ANMISCHEN.
DAS ERSTE MAL FALTEST DU IHN 10 MINUTEN NACH DEM ANMISCHEN...
...UND DAS ZWEITE MAL, WENN DU SIEHST, DASS SICH DER TEIG IM BEHÄLTER AUSBREITET.

FALLS NÖTIG, KANNST DU IHN AUCH SPÄTER FALTEN. NUR IN DER LETZTEN STUNDE DER STOCKGARE MUSST DU DEN TEIG IN RUHE LASSEN.
HAT SICH DER TEIG AUF DAS 2½- BIS 3-FACHE SEINES URSPRÜNGLICHEN VOLUMENS VERGRÖßERT, ETWA 3 BIS 3½ STUNDEN NACH DEM ANMISCHEN,
KANNST DU EINEN LAIB DARAUS FORMEN UND IN DIE BACK-FORM LEGEN.
BENUTZT DU EINEN 6-LITER-TEIGBEHÄLTER, IST DER IDEALE ZEITPUNKT DER, AN DEM DER TEIG DIE 2-LITER-MARKE FAST ERREICHT HAT.
DER TEIG SOLL SICH LEICHT WÖLBEN – UND NICHT FLACH ODER ZUSAMMENGEFALLEN AUSSEHEN.
REICHT ER BIS GANZ AN 2-LITER-MARKE, IST DAS AUCH OKAY, ABER LÄNGER SOLLTEST DU IHN NICHT GEHEN LASSEN.
IST ES KÜHL IM RAUM UND BRAUCHT DER TEIG LÄNGER, LASS IHN NOCH WEITER GEHEN, BIS ER UNGEFÄHR DIESE MARKE ERREICHT HAT.
WENN DU KEINEN BEHÄLTER MIT SKALA HAST, MUSST DU NACH AUGENMAß VORGEHEN UND DAS TEIGVOLUMEN SCHÄTZEN.

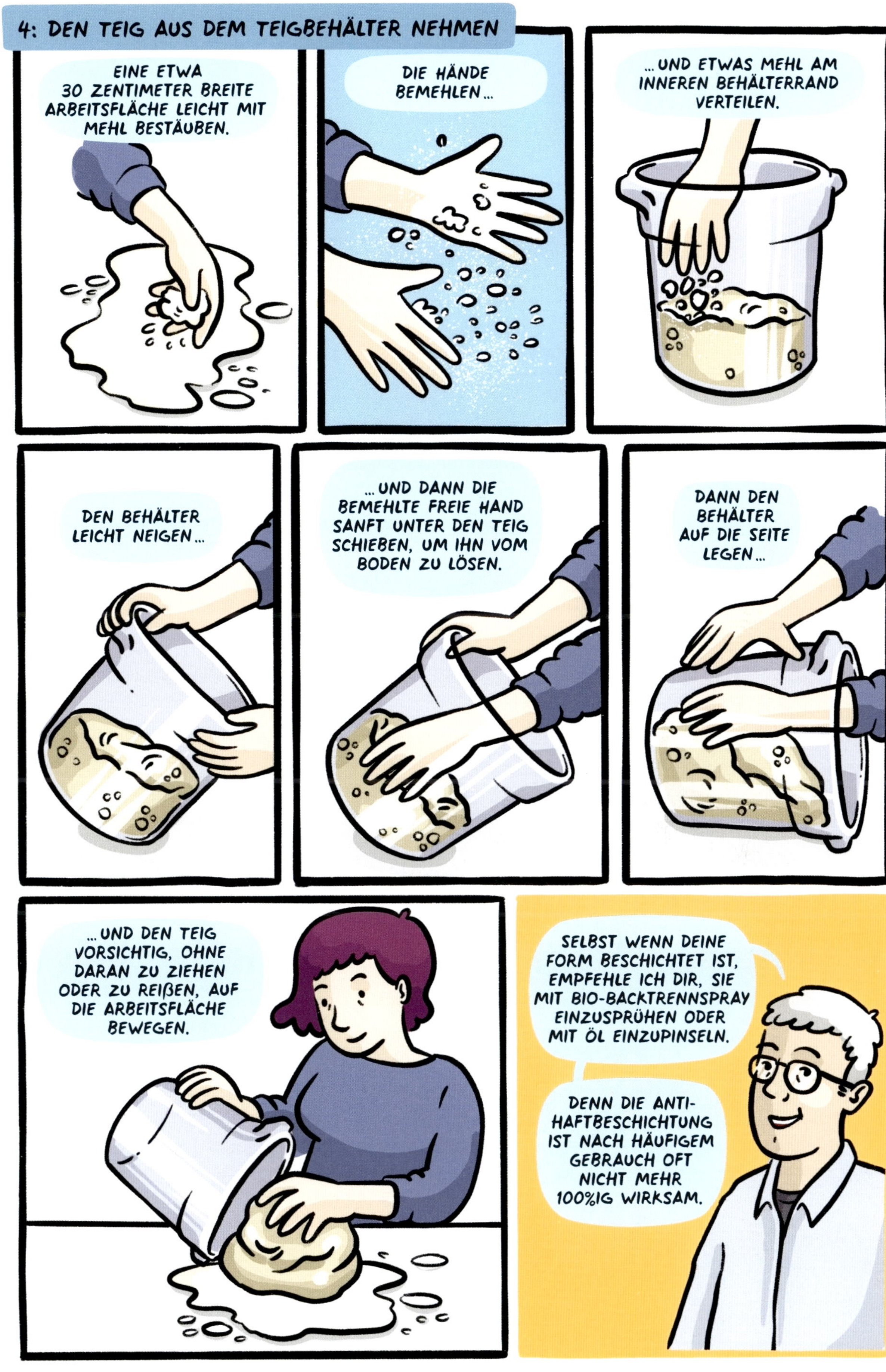
4: DEN TEIG AUS DEM TEIGBEHÄLTER NEHMEN
EINE ETWA 30 ZENTIMETER BREITE ARBEITSFLÄCHE LEICHT MIT MEHL BESTÄUBEN.
DIE HÄNDE BEMEHLEN …
… UND ETWAS MEHL AM INNEREN BEHÄLTERRAND VERTEILEN.
DEN BEHÄLTER LEICHT NEIGEN …
… UND DANN DIE BEMEHLTE FREIE HAND SANFT UNTER DEN TEIG SCHIEBEN, UM IHN VOM BODEN ZU LÖSEN.
DANN DEN BEHÄLTER AUF DIE SEITE LEGEN …
… UND DEN TEIG VORSICHTIG, OHNE DARAN ZU ZIEHEN ODER ZU REIẞEN, AUF DIE ARBEITSFLÄCHE BEWEGEN.
SELBST WENN DEINE FORM BESCHICHTET IST, EMPFEHLE ICH DIR, SIE MIT BIO-BACKTRENNSPRAY EINZUSPRÜHEN ODER MIT ÖL EINZUPINSELN.
DENN DIE ANTI-HAFTBESCHICHTUNG IST NACH HÄUFIGEM GEBRAUCH OFT NICHT MEHR 100%IG WIRKSAM.

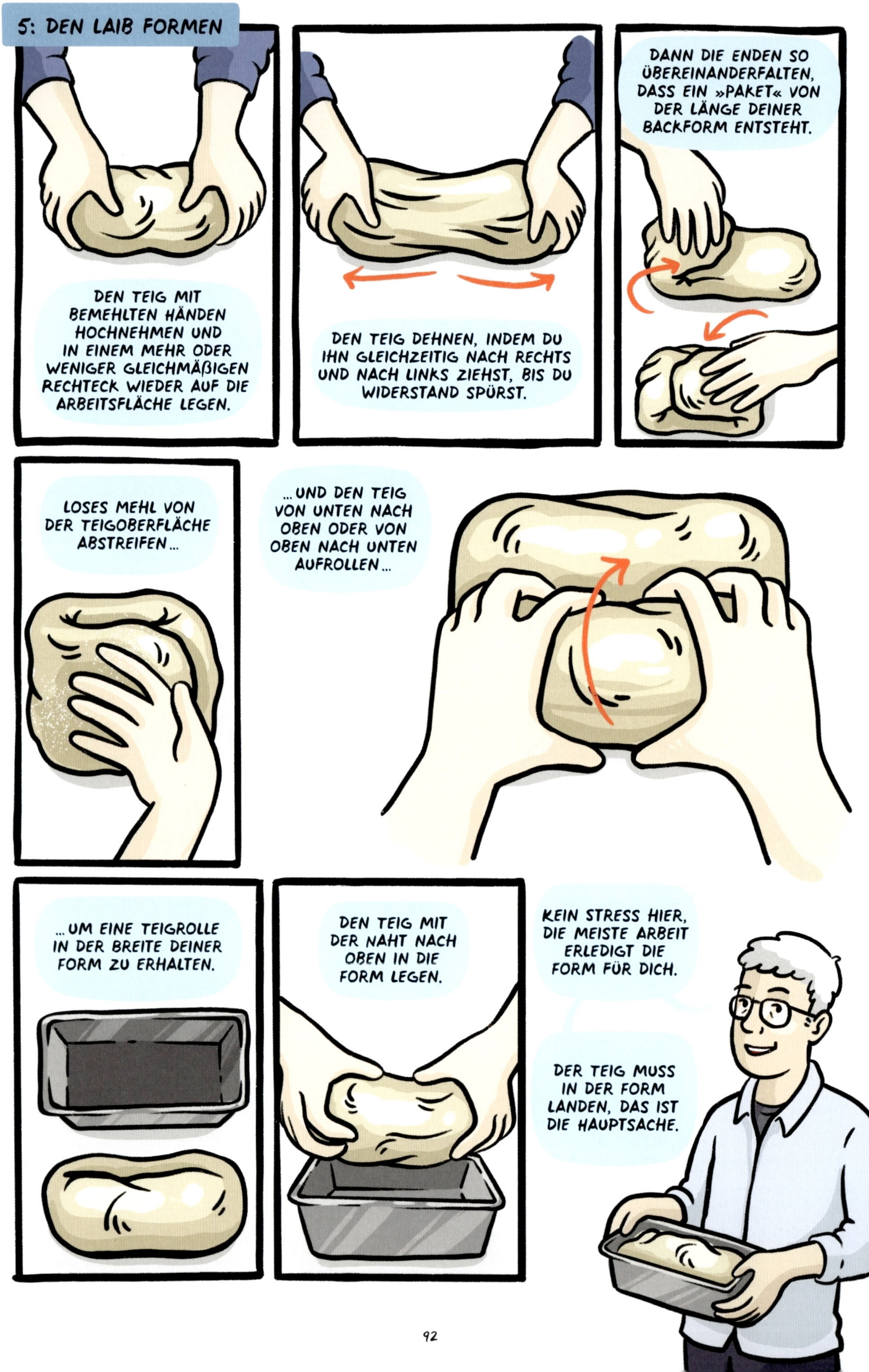
5: DEN LAIB FORMEN
DEN TEIG MIT BEMEHLTEN HÄNDEN HOCHNEHMEN UND IN EINEM MEHR ODER WENIGER GLEICHMÄẞIGEN RECHTECK WIEDER AUF DIE ARBEITSFLÄCHE LEGEN.
DEN TEIG DEHNEN, INDEM DU IHN GLEICHZEITIG NACH RECHTS UND NACH LINKS ZIEHST, BIS DU WIDERSTAND SPÜRST.
DANN DIE ENDEN SO ÜBEREINANDERFALTEN, DASS EIN »PAKET« VON DER LÄNGE DEINER BACKFORM ENTSTEHT.
LOSES MEHL VON DER TEIGOBERFLÄCHE ABSTREIFEN …
… UND DEN TEIG VON UNTEN NACH OBEN ODER VON OBEN NACH UNTEN AUFROLLEN …
… UM EINE TEIGROLLE IN DER BREITE DEINER FORM ZU ERHALTEN.
DEN TEIG MIT DER NAHT NACH OBEN IN DIE FORM LEGEN.
KEIN STRESS HIER, DIE MEISTE ARBEIT ERLEDIGT DIE FORM FÜR DICH.
DER TEIG MUSS IN DER FORM LANDEN, DAS IST DIE HAUPTSACHE.

6: STÜCKGARE
MIT DER HAND EINEN DÜNNEN WASSERFILM AUF DEM TEIG VERTEILEN.
DIE BACKFORM IN EINE PLASTIKTÜTE STECKEN.
NACH OBEN HIN SOLLTEN EIN PAAR ZENTIMETER PLATZ SEIN, DAMIT DER TEIG SICH NOCH AUSDEHNEN KANN. DIE ENDEN DER TÜTE UNTER DEN RAND SCHIEBEN.
DER TEIG BRAUCHT NICHT LUFTDICHT ABGESCHLOSSEN ZU SEIN. ES GEHT NUR DARUM, DASS ER WÄHREND DER EINSTÜNDIGEN GEHZEIT NICHT AUSTROCKNET.
BEI MEINER ÜBLICHEN BROTBACKFORM (22 x 11 x 7 CM) LASSE ICH DEN TEIG MEISTENS BIS KURZ ÜBER DEN RAND AUFGEHEN.
IST DEINE FORM GRÖßER, WIRD ER WAHRSCHEINLICH NICHT SO HOCH AUFGEHEN.
BEI EINER ZIMMERTEMPERATUR VON 21 °C KANN DER BROTLAIB ETWA 1 STUNDE NACH DEM FORMEN IN DEN OFEN.
IST ES IN DEINER KÜCHE WÄRMER, WIRD ER SCHON FRÜHER OPTIMAL AUFGEGANGEN SEIN.
7: DEN OFEN VORHEIZEN
ETWA 45 MINUTEN VOR DEM BACKEN EINEN GITTERROST IN DIE MITTE DES OFENS SCHIEBEN ...
... UND AUF 230 °C VORHEIZEN.

8: BACKEN
DIE BACKFORM AUS DER PLASTIKTÜTE NEHMEN ...
... UND IN DER OFENMITTE AUF DEN ROST STELLEN.
HITZE AUF 220 °C REDUZIEREN UND BACKEN.
220°
NACH 30 MINUTEN NACHSEHEN, OB DAS BROT GLEICHMÄẞIG BACKT.
FALLS NICHT, DIE FORM DREHEN ...
... UND DANN WEITERE 20 MINUTEN BACKEN.
DIESER TEIG ENTHÄLT MEHR WASSER ALS ÜBLICHE KASTENBROTE.
DESHALB BRAUCHT DER LAIB LÄNGER, ALS MAN DENKT, BIS DAS INNERE DURCHGEBACKEN IST ...
... UND DIE SEITEN FEST GENUG SIND, DAMIT ER NACH DEM BACKEN NICHT ZUSAMMENFÄLLT.
NACH 50 MINUTEN SOLLTE DIE OBERSEITE DUNKELBRAUN, SEITEN UND UNTERSEITE GOLDBRAUN SEIN.

DIE FORM MIT OFENHANDSCHUHEN HERAUSNEHMEN …
… UND DAS BROT VORSICHTIG HERAUSSTÜRZEN.
LÖST ES SICH NICHT VON ALLEIN, DIE FORM EINMAL FEST AUF DIE ARBEITSPLATTE SCHLAGEN.
ODER MIT EINEM DOPPELT GEFALTETEN GESCHIRRTUCH MIT EINER HAND DIE FORM FESTHALTEN UND MIT DER ANDEREN DAS BROT HERAUSZIEHEN.
(UND NÄCHSTES MAL VIELLEICHT MEHR BIO-BACKTRENNSPRAY ODER ÖL VERWENDEN.)
DAS BROT AUF EINEM GITTERROST MINDESTENS 30 MINUTEN, BESSER 1 STUNDE, AUSKÜHLEN LASSEN, BEVOR DU ES ANSCHNEIDEST.

VARIANTE DES STANDARDBROTS:

DAS STANDARDBROT NR. 2

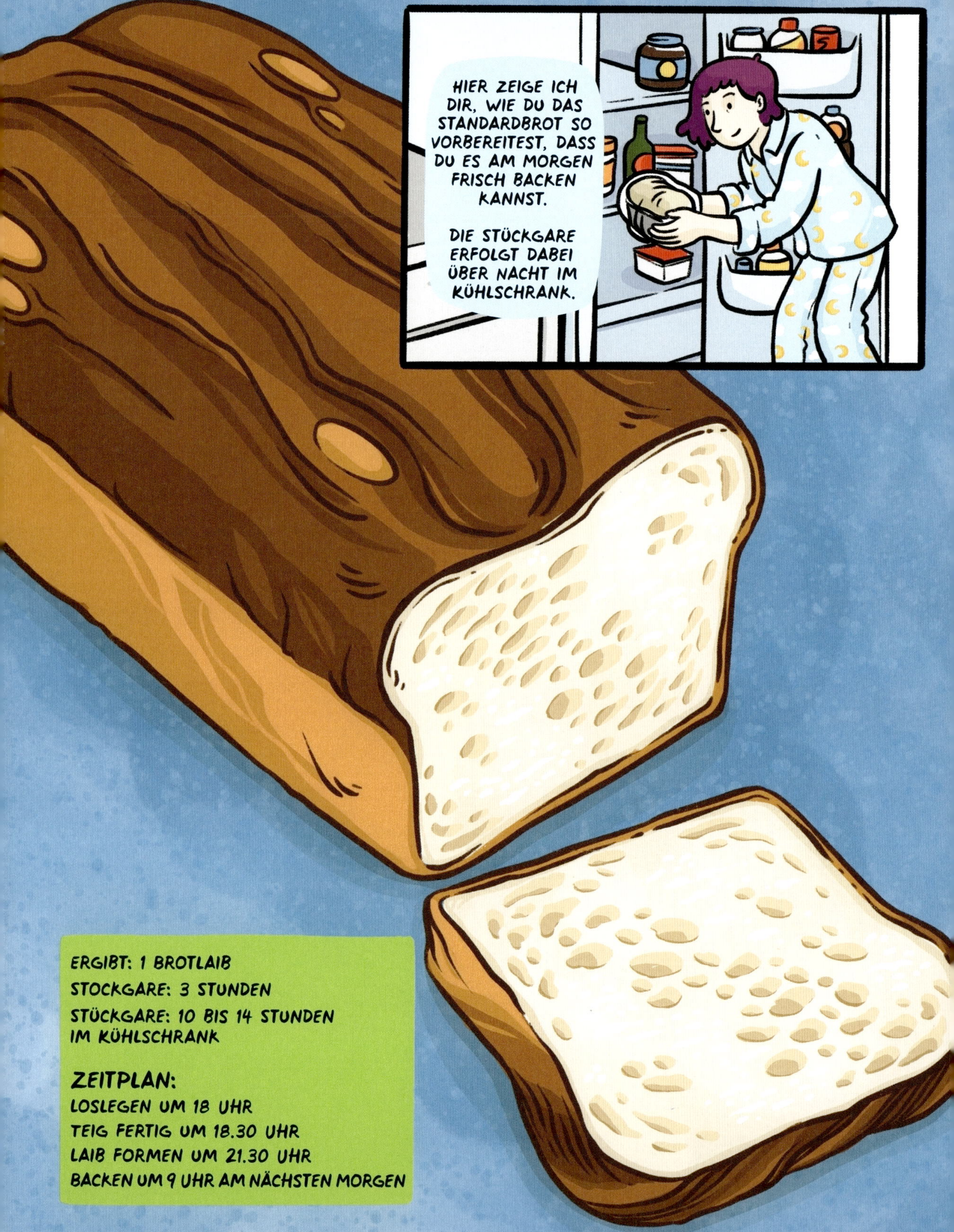

ERGIBT: 1 BROTLAIB

STOCKGARE: 3 STUNDEN

STÜCKGARE: 10 BIS 14 STUNDEN IM KÜHLSCHRANK

ZEITPLAN:

LOSLEGEN UM 18 UHR

TEIG FERTIG UM 18.30 UHR

LAIB FORMEN UM 21.30 UHR

BACKEN UM 9 UHR AM NÄCHSTEN MORGEN

ZUTAT	MENGE		BÄCKER-PROZENTE
WEIßMEHL	400G		80%
WEIZENVOLL-KORNMEHL	100G		20%
WASSER	380G (32-35°C)		76%
FEINES MEERSALZ	11G	2¼TL	2.2%
INSTANT-TROCKENHEFE	3G	3/4TL	0.6%
ANSTELLGUT (OPTIONAL)	100G		9% DER GESAMT-MEHLMENGE

1: VORTEIG (AUTOLYSE)
380 G WASSER (32-35 °C) IN EINEN RUNDEN 6-LITER-BEHÄLTER GEBEN.
VERWENDEST DU ANSTELLGUT AUS DEM KÜHLSCHRANK, DANN FÜGE JETZT 100 GRAMM HINZU.
DU KANNST ES DIREKT BEIM HINEINGEBEN ABWIEGEN.
LEICHT MIT DEN FINGERN EINRÜHREN, UM ES AUFZULOCKERN.
400 GRAMM WEIßMEHL UND 100 GRAMM VOLLKORNMEHL ZUGEBEN.
MIT DER HAND GUT VERMENGEN.
11 GRAMM FEINES MEERSALZ UND 3 GRAMM TROCKENHEFE GLEICHMÄßIG DARÜBERSTREUEN.
SO STEHEN LASSEN, DIE ZUTATEN LÖSEN SICH TEILWEISE AUF.
ABDECKEN UND 15 BIS 20 MINUTEN GEHEN LASSEN.
DIE SCHRITTE HAUPTTEIG UND FALTEN & STOCKGARE SIND WIE BEIM STANDARDBROT (SEITEN 88-90).
STATT DER 3½ STUNDEN DAUERT DIE STOCKGARE HIER NUR ETWA 3 STUNDEN.
2: HAUPTTEIG
3: FALTEN & STOCKGARE

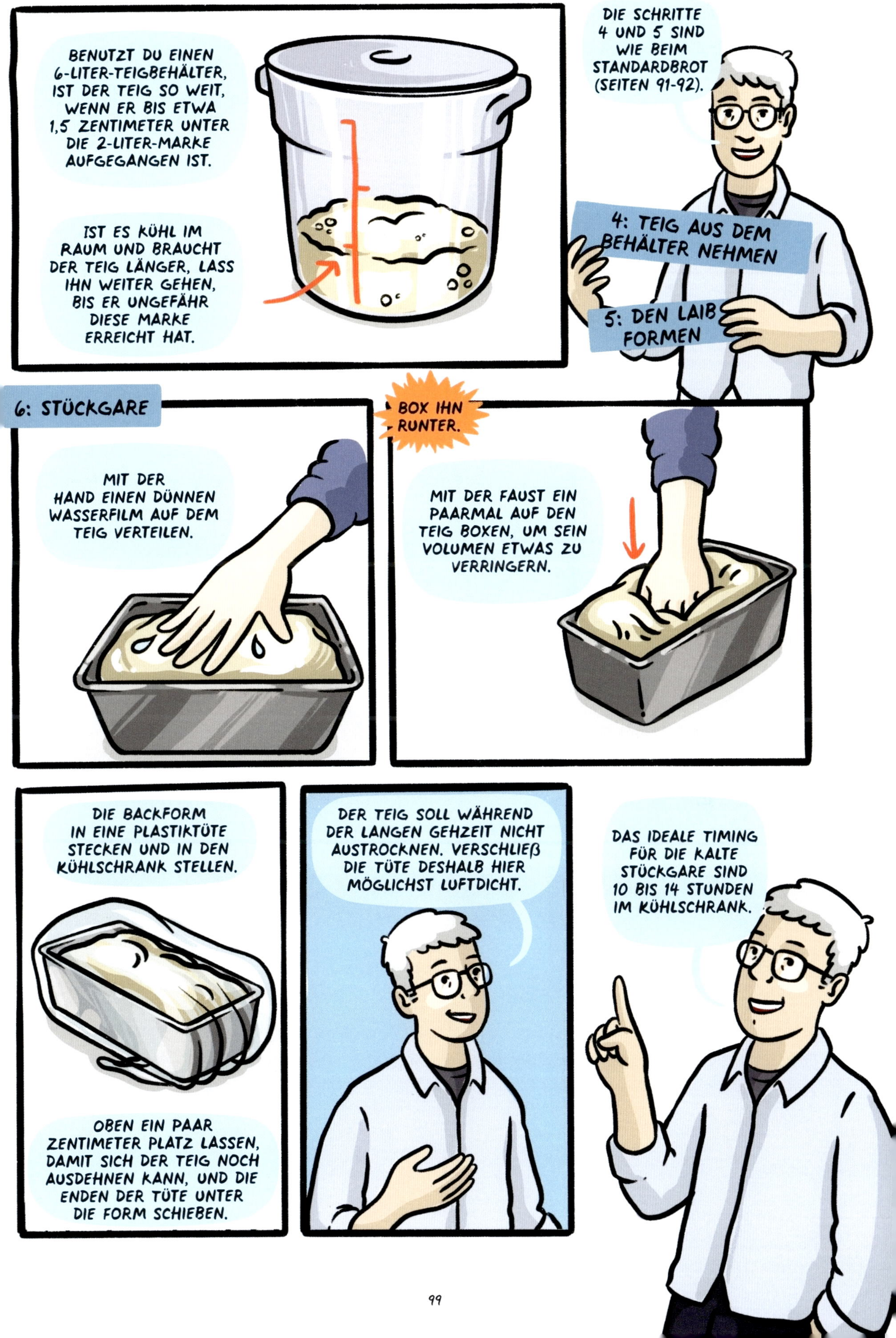
BENUTZT DU EINEN 6-LITER-TEIGBEHÄLTER, IST DER TEIG SO WEIT, WENN ER BIS ETWA 1,5 ZENTIMETER UNTER DIE 2-LITER-MARKE AUFGEGANGEN IST.
IST ES KÜHL IM RAUM UND BRAUCHT DER TEIG LÄNGER, LASS IHN WEITER GEHEN, BIS ER UNGEFÄHR DIESE MARKE ERREICHT HAT.
DIE SCHRITTE 4 UND 5 SIND WIE BEIM STANDARDBROT (SEITEN 91-92).
4: TEIG AUS DEM BEHÄLTER NEHMEN
5: DEN LAIB FORMEN
6: STÜCKGARE
MIT DER HAND EINEN DÜNNEN WASSERFILM AUF DEM TEIG VERTEILEN.
BOX IHN RUNTER.
MIT DER FAUST EIN PAARMAL AUF DEN TEIG BOXEN, UM SEIN VOLUMEN ETWAS ZU VERRINGERN.
DIE BACKFORM IN EINE PLASTIKTÜTE STECKEN UND IN DEN KÜHLSCHRANK STELLEN.
OBEN EIN PAAR ZENTIMETER PLATZ LASSEN, DAMIT SICH DER TEIG NOCH AUSDEHNEN KANN, UND DIE ENDEN DER TÜTE UNTER DIE FORM SCHIEBEN.
DER TEIG SOLL WÄHREND DER LANGEN GEHZEIT NICHT AUSTROCKNEN. VERSCHLIEß DIE TÜTE DESHALB HIER MÖGLICHST LUFTDICHT.
DAS IDEALE TIMING FÜR DIE KALTE STÜCKGARE SIND 10 BIS 14 STUNDEN IM KÜHLSCHRANK.

BEI MEINER ÜBLICHEN BROTBACKFORM (22 x 11 x 7 CM) LASSE ICH DEN TEIG MEISTENS BIS KURZ ÜBER DEN RAND AUFGEHEN.
IST DEINE FORM GRÖẞER, WIRD ER WAHRSCHEINLICH NICHT SO HOCH AUFGEHEN.
7: DEN OFEN VORHEIZEN
ETWA 45 MINUTEN VOR DEM BACKEN EINEN GITTERROST IN DIE MITTE DES OFENS SCHIEBEN UND AUF 230 °C VORHEIZEN.
8: BACKEN
LASS DAS BROT IM KÜHLSCHRANK, BIS DER OFEN VORGEHEIZT IST UND DU BACKEN WILLST!
DANN DIE FORM AUS DER PLASTIKTÜTE NEHMEN.
MANCHMAL KLEBT ETWAS TEIG AN DER TÜTE …
… ABER WENN DU SEINE OBERFLÄCHE MIT WASSER BENETZT HAST, SOLLTE DIE TÜTE SICH LEICHT ABZIEHEN LASSEN.
DIE FORM MITTIG AUF DEN ROST STELLEN.
HITZE AUF 220 °C REDUZIEREN UND EINEN TIMER AUF 50 MINUTEN STELLEN. NACH UNGEFÄHR 40 BIS 45 MINUTEN EINEN ZWISCHENCHECK MACHEN.
220°
BACKEN, BIS DAS BROT DUNKELBRAUN IST.

ES BRAUCHT LÄNGER, ALS MAN DENKT, BIS DAS INNERE DES LAIBS DURCHGEBACKEN IST
UND SEINE SEITEN STABIL GENUG SIND, DAMIT ER NACH DEM BACKEN NICHT ZUSAMMENFÄLLT.
NACH 50 MINUTEN SOLLTE DER BROTLAIB OBEN DUNKELBRAUN, AN DEN SEITEN UND UNTEN GOLDBRAUN SEIN.
DIE FORM MIT OFENHANDSCHUHEN HERAUSNEHMEN ...
... UND DAS BROT VORSICHTIG HERAUS-STÜRZEN.
DAS BROT AUF EINEM GITTERROST MINDESTENS 30 MINUTEN, BESSER 1 STUNDE, AUSKÜHLEN LASSEN, EHE DU ES ANSCHNEIDEST.

DAS VIELKORNBROT

ERGIBT: 1 BROTLAIB
STOCKGARE: 3 BIS 3½ STUNDEN
STÜCKGARE: ETWA 1 STUNDE

ZEITPLAN:
ABENDS GETREIDE QUELLEN LASSEN
LOSLEGEN UM 9.30 UHR
TEIG FERTIG UM 10 UHR
LAIB FORMEN UM 13.30 UHR
BACKEN UM 15 UHR

IN DIESEM REZEPT HABEN WIR HAFERFLOCKEN, GERSTENFLOCKEN UND BUCHWEIZENGRÜTZE VERWENDET.
ES FUNKTIONIERT ABER AUCH MIT NUR EINER GETREIDE-SORTE, Z.B. MIT GERSTENFLOCKEN.
ICH BACKE DIESES BROT IN DER BROTBACKFORM, ABER MAN KANN ES AUCH SEHR GUT IM GUSSEISEN-TOPF BACKEN.
DAS GETROCKNETE GETREIDE MUSST DU 6 STUNDEN ODER ÜBER NACHT QUELLEN LASSEN, EHE DU ES ZUM TEIG HINZUFÜGST.
DIE BUCH-WEIZENGRÜTZE BEHÄLT DURCH EINE KÜRZERE EINWEICHZEIT ETWAS »BISS«, WAS ICH PERSÖNLICH GERNE MAG.
EIN GEHEIMNIS DIESES REZEPTS BESTEHT DARIN, DIE EINWEICH-FLÜSSIGKEIT MIT IN DEN TEIG ZU GEBEN.
SIE IST MILCHIG-WEIß UND SCHMECKT LEICHT NACH GETREIDE.
ICH BESTREUE DAS BROT IMMER MIT HAFERFLOCKEN, WEIL DAS HÜBSCH AUSSIEHT.

ZUTAT	MENGE		BÄCKER-PROZENTE
WEIßMEHL	280 G		70 %
WEIZENVOLLKORNMEHL ODER DINKELVOLLKORNMEHL	120 G		30 %
WASSER	(32-35 °C)		17.5 %
EINWEICHFLÜSSIGKEIT	(21 °C)		56.25 %
FEINES MEERSALZ	14 G	2 3/4 TL	3.5 %
INSTANT-TROCKENHEFE	3 G	3/4 TL	0.75 %
HONIG	15 G	2 TL	3.75 %
BUCHWEIZENGRÜTZE	40 G		10 %
GERSTENFLOCKEN	40 G		10 %
HAFERFLOCKEN (FÜR DEN TEIG)	40 G		10 %
HAFERFLOCKEN (ZUM BESTREUEN)	15 G		
ANSTELLGUT (OPTIONAL)	100 G		9 % DER GESAMT-MEHLMENGE

1A: GETREIDE QUELLEN LASSEN
VON BUCHWEIZEN, GERSTE UND HAFER JE 40 GRAMM ABWIEGEN (ODER 120 GRAMM VON NUR EINER SORTE) UND IN EINE SCHÜSSEL GEBEN.
MIT KALTEM WASSER BEDECKEN.
BEI ZIMMERTEMPERATUR ÜBER NACHT STEHEN LASSEN (ODER NUR 6 BIS 8 STUNDEN EINWEICHEN, WENN DU MEHR BISS MÖCHTEST).
AM NÄCHSTEN MORGEN IN EIN FEINES SIEB FÜLLEN UND ÜBER EINER SCHÜSSEL ABSEIHEN.
GETREIDE GUT AUSDRÜCKEN.
DIE EINWEICHFLÜSSIGKEIT FÜR DEN TEIG AUFHEBEN.
1B: VORTEIG (AUTOLYSE)
225 GRAMM EINWEICHFLÜSSIGKEIT IN DEINEN TEIGBEHÄLTER GIEẞEN.
70 GRAMM WASSER (32-35 °C) HINZUFÜGEN.
VERWENDEST DU ANSTELLGUT AUS DEM KÜHLSCHRANK, KANNST DU JETZT 100 GRAMM DAVON MIT DEN FINGERN LOCKER UNTERRÜHREN.

280 GRAMM WEIßMEHL UND 120 GRAMM WEIZEN- ODER DINKEL-VOLLKORNMEHL DAZUGEBEN.
DANN KOMMT DAS EINGEWEICHTE GETREIDE HINEIN.
MIT DER HAND ALLES GUT VERMISCHEN.
DER TEIG WIRD ZIEMLICH FEUCHT SEIN, MACH DIR DARÜBER KEINE GEDANKEN.
2 TEELÖFFEL (15 GRAMM) HONIG AUF EINER SEITE DES TEIGS VERTEILEN …
… UND AUF DIE ANDERE SEITE 14 GRAMM FEINES MEERSALZ STREUEN.
DANN 3 GRAMM TROCKENHEFE AUF DAS SALZ GEBEN.
ALLES SO STEHEN LASSEN, DIE ZUTATEN WERDEN SICH TEILWEISE AUFLÖSEN.
DANN ABDECKEN UND 15 BIS 20 MINUTEN GEHEN LASSEN.

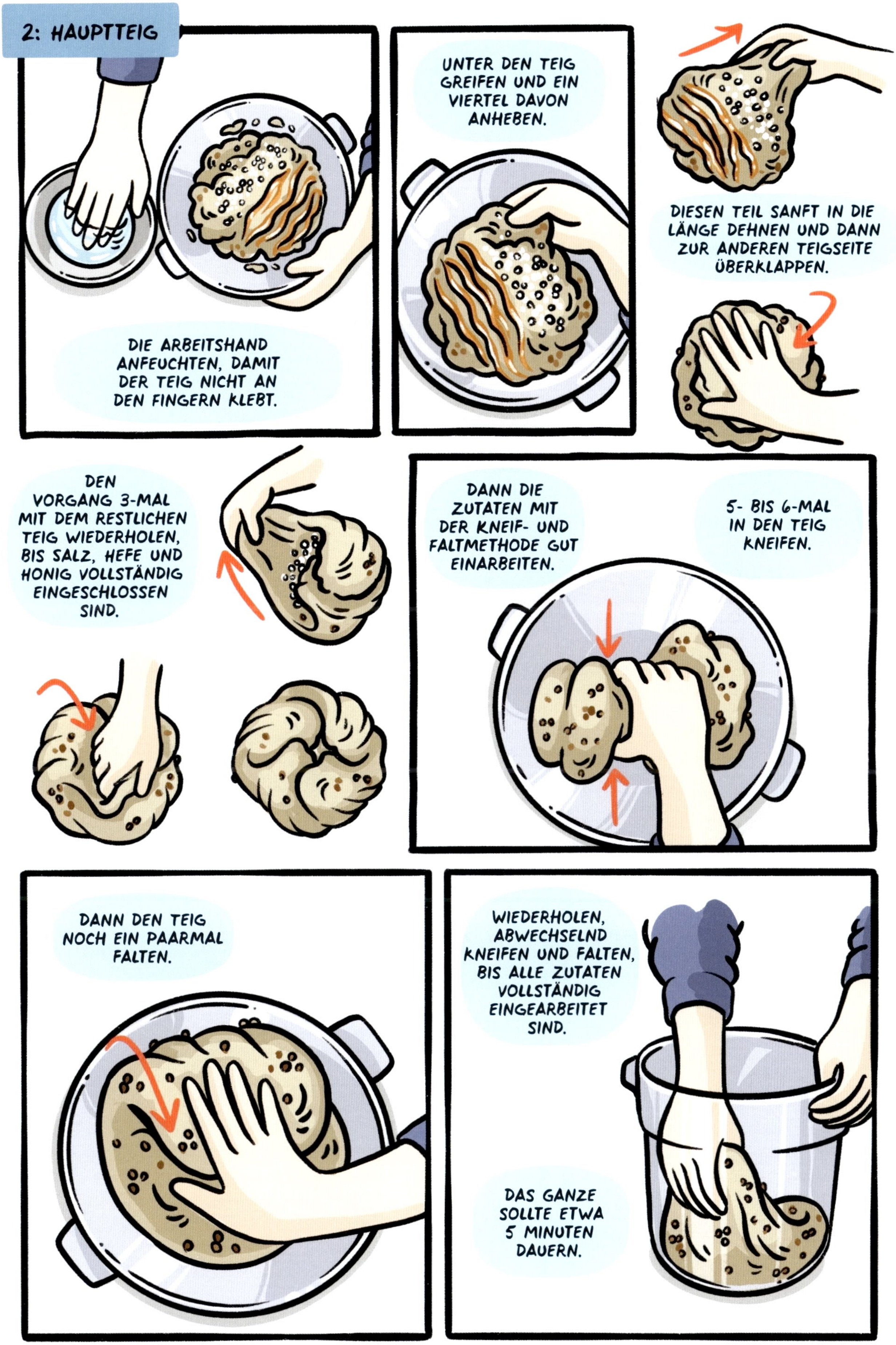

2: HAUPTTEIG
DIE ARBEITSHAND ANFEUCHTEN, DAMIT DER TEIG NICHT AN DEN FINGERN KLEBT.
UNTER DEN TEIG GREIFEN UND EIN VIERTEL DAVON ANHEBEN.
DIESEN TEIL SANFT IN DIE LÄNGE DEHNEN UND DANN ZUR ANDEREN TEIGSEITE ÜBERKLAPPEN.
DEN VORGANG 3-MAL MIT DEM RESTLICHEN TEIG WIEDERHOLEN, BIS SALZ, HEFE UND HONIG VOLLSTÄNDIG EINGESCHLOSSEN SIND.
DANN DIE ZUTATEN MIT DER KNEIF- UND FALTMETHODE GUT EINARBEITEN.
5- BIS 6-MAL IN DEN TEIG KNEIFEN.
DANN DEN TEIG NOCH EIN PAARMAL FALTEN.
WIEDERHOLEN, ABWECHSELND KNEIFEN UND FALTEN, BIS ALLE ZUTATEN VOLLSTÄNDIG EINGEARBEITET SIND.
DAS GANZE SOLLTE ETWA 5 MINUTEN DAUERN.

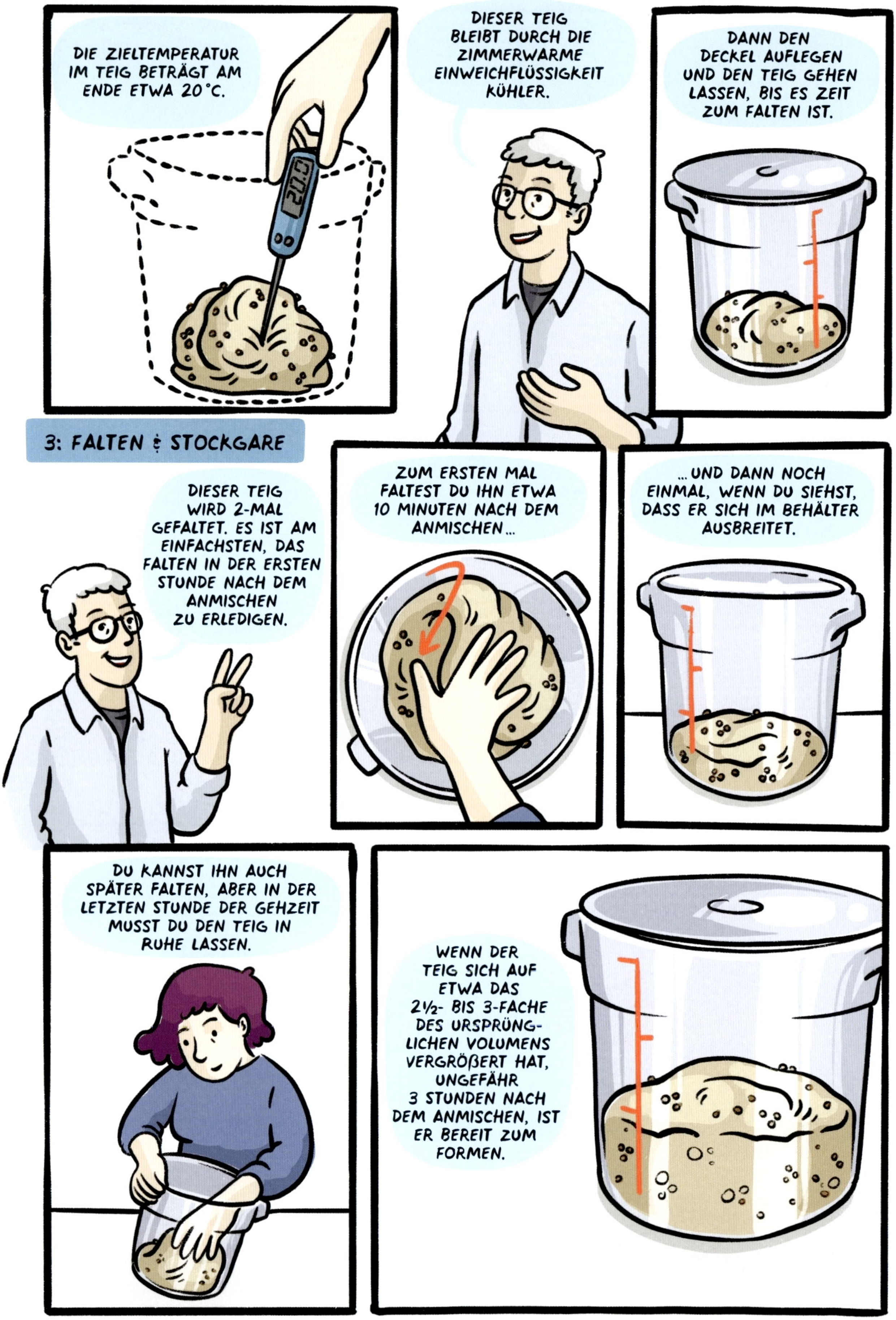
DIE ZIELTEMPERATUR IM TEIG BETRÄGT AM ENDE ETWA 20 °C.
20.0
DIESER TEIG BLEIBT DURCH DIE ZIMMERWARME EINWEICHFLÜSSIGKEIT KÜHLER.
DANN DEN DECKEL AUFLEGEN UND DEN TEIG GEHEN LASSEN, BIS ES ZEIT ZUM FALTEN IST.
3: FALTEN & STOCKGARE
DIESER TEIG WIRD 2-MAL GEFALTET. ES IST AM EINFACHSTEN, DAS FALTEN IN DER ERSTEN STUNDE NACH DEM ANMISCHEN ZU ERLEDIGEN.
ZUM ERSTEN MAL FALTEST DU IHN ETWA 10 MINUTEN NACH DEM ANMISCHEN …
… UND DANN NOCH EINMAL, WENN DU SIEHST, DASS ER SICH IM BEHÄLTER AUSBREITET.
DU KANNST IHN AUCH SPÄTER FALTEN, ABER IN DER LETZTEN STUNDE DER GEHZEIT MUSST DU DEN TEIG IN RUHE LASSEN.
WENN DER TEIG SICH AUF ETWA DAS 2½- BIS 3-FACHE DES URSPRÜNGLICHEN VOLUMENS VERGRÖẞERT HAT, UNGEFÄHR 3 STUNDEN NACH DEM ANMISCHEN, IST ER BEREIT ZUM FORMEN.

BEI EINEM 6-LITER-TEIGBEHÄLTER IST DER IDEALE PUNKT ERREICHT, WENN DER TEIG KNAPP UNTER DER 2-LITER-MARKIERUNG STEHT.
UND ER SOLLTE LEICHT GEWÖLBT SEIN – NICHT FLACH UND ZUSAMMENGEFALLEN.
HAT ER DIE 2-LITER-MARKE SCHON ERREICHT, AUCH GUT, ABER LASS IHN NICHT NOCH WEITER AUFGEHEN.
IST ES KÜHL IM RAUM UND BRAUCHT DER TEIG LÄNGER, LASS IHN WEITER GEHEN, BIS ER UNGEFÄHR DIESE HÖHE ERREICHT HAT.
FALLS DU EINEN BEHÄLTER OHNE MARKIERUNG BENUTZT, MUSST DU DAS VOLUMEN SCHÄTZEN.
4: DEN TEIG AUS DEM BEHÄLTER NEHMEN
EINE ETWA 30 ZENTIMETER BREITE ARBEITSFLÄCHE LEICHT MIT MEHL BESTÄUBEN.
DIE HÄNDE BEMEHLEN …
… UND ETWAS MEHL AM INNEREN BEHÄLTERRAND VERTEILEN.

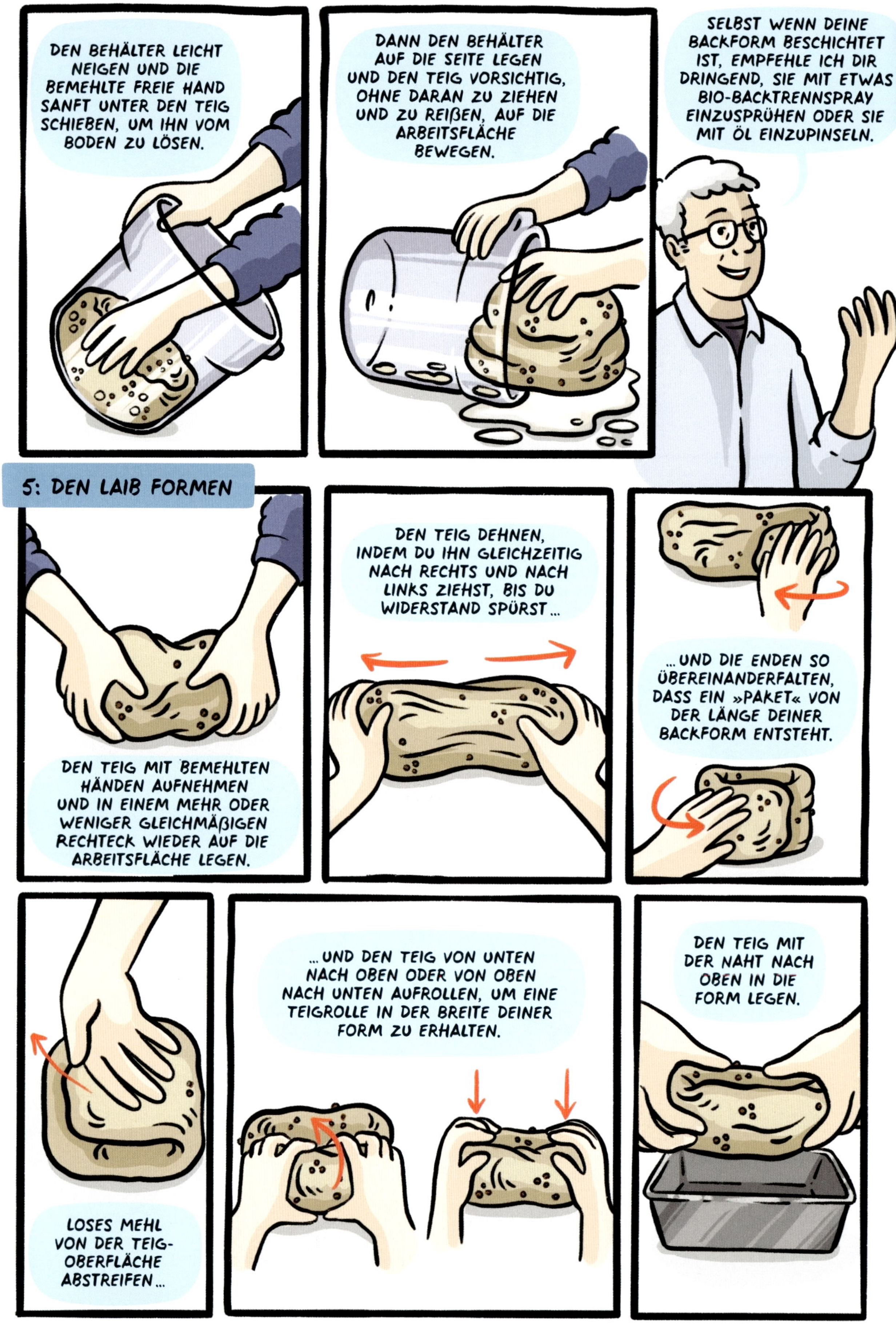
DEN BEHÄLTER LEICHT NEIGEN UND DIE BEMEHLTE FREIE HAND SANFT UNTER DEN TEIG SCHIEBEN, UM IHN VOM BODEN ZU LÖSEN.
DANN DEN BEHÄLTER AUF DIE SEITE LEGEN UND DEN TEIG VORSICHTIG, OHNE DARAN ZU ZIEHEN UND ZU REIẞEN, AUF DIE ARBEITSFLÄCHE BEWEGEN.
SELBST WENN DEINE BACKFORM BESCHICHTET IST, EMPFEHLE ICH DIR DRINGEND, SIE MIT ETWAS BIO-BACKTRENNSPRAY EINZUSPRÜHEN ODER SIE MIT ÖL EINZUPINSELN.
5: DEN LAIB FORMEN
DEN TEIG MIT BEMEHLTEN HÄNDEN AUFNEHMEN UND IN EINEM MEHR ODER WENIGER GLEICHMÄẞIGEN RECHTECK WIEDER AUF DIE ARBEITSFLÄCHE LEGEN.
DEN TEIG DEHNEN, INDEM DU IHN GLEICHZEITIG NACH RECHTS UND NACH LINKS ZIEHST, BIS DU WIDERSTAND SPÜRST …
… UND DIE ENDEN SO ÜBEREINANDERFALTEN, DASS EIN »PAKET« VON DER LÄNGE DEINER BACKFORM ENTSTEHT.
LOSES MEHL VON DER TEIG-OBERFLÄCHE ABSTREIFEN …
… UND DEN TEIG VON UNTEN NACH OBEN ODER VON OBEN NACH UNTEN AUFROLLEN, UM EINE TEIGROLLE IN DER BREITE DEINER FORM ZU ERHALTEN.
DEN TEIG MIT DER NAHT NACH OBEN IN DIE FORM LEGEN.

DIE OBERFLÄCHE DES TEIGS GLEICHMÄẞIG ÜBERALL MIT WASSER ANFEUCHTEN.
DANN 15 GRAMM HAFERFLOCKEN DARAUF VERTEILEN …
… UND FEST ANDRÜCKEN.
6: STÜCKGARE
DIE BACKFORM IN EINE PLASTIKTÜTE STECKEN.
OBEN EIN PAAR ZENTIMETER PLATZ LASSEN, DAMIT DER TEIG SICH NOCH AUSDEHNEN KANN, UND DIE ENDEN DER TÜTE UNTER DIE FORM SCHIEBEN.
BEI EINER ZIMMERTEMPERATUR VON 21 °C KANN DAS BROT ETWA 1½ STUNDEN NACH DEM FORMEN IN DEN OFEN.
DIESES BROT BRAUCHT VOR DEM BACKEN NUR BIS AN DEN RAND DER FORM AUFZUGEHEN; ES WIRD IM OFEN NOCH REICHLICH AN VOLUMEN ZULEGEN.

7: DEN OFEN VORHEIZEN
ETWA 45 MINUTEN VOR DEM BACKEN EINEN GITTERROST IN DIE MITTE DES OFENS SCHIEBEN …
… UND AUF 230 °C VORHEIZEN.
230°
8: BACKEN
DIE FORM AUS DER PLASTIKTÜTE NEHMEN UND MITTIG AUF DEN ROST STELLEN.
HITZE AUF 220 °C REDUZIEREN UND BACKEN.
220°
NACH 30 MINUTEN NACHSEHEN, OB DAS BROT GLEICHMÄẞIG BACKT. FALLS NICHT, DIE FORM DREHEN UND DANN WEITERE 25 BIS 30 MINUTEN BACKEN.
DIESER TEIG ENTHÄLT MEHR WASSER ALS ÜBLICHE KASTENBROTE.
DESHALB BRAUCHT ES LÄNGER, ALS MAN DENKT, BIS DAS INNERE DURCHGEBACKEN IST UND DIE SEITEN SCHÖN BRAUN UND STABIL SIND.
BACK DAS BROT UNGEFÄHR 1 STUNDE, BIS ES OBEN SCHÖN DUNKEL IST.

DAS BROT IN DEN LETZTEN 10 MINUTEN GUT BEOBACHTEN.
AN DEN SEITEN UND UNTEN SOLLTE ES NICHT SO DUNKEL WERDEN WIE OBEN.
DIE FORM MIT OFENHANDSCHUHEN HERAUSNEHMEN …
… UND DAS BROT VORSICHTIG HERAUSSTÜRZEN.
DAS BROT AUF EINEM GITTERROST MINDESTENS 30 MINUTEN, BESSER 1 STUNDE, AUSKÜHLEN LASSEN, EHE DU ES ANSCHNEIDEST.

DAS LANDBROT

ERGIBT: 1 BROTLAIB

STOCKGARE: ETWA 5 STUNDEN
BEI 21 °C ZIMMERTEMPERATUR,
IM SOMMER EVENTUELL NUR 4 STUNDEN.

STÜCKGARE: ÜBER NACHT IM KÜHLSCHRANK.

ZEITPLAN:

TAG 1, MORGENS: SAUERTEIGANSATZ ANMISCHEN. RUHEN LASSEN.

TAG 1, ABENDS: AUFFRISCHEN DES SAUERTEIGANSATZES. RUHEN LASSEN.

TAG 2, MORGENS: ANSATZ ERNEUT AUFFRISCHEN. RUHEN LASSEN.

TAG 2, NACHMITTAGS: HAUPTTEIG ANMISCHEN.

TAG 2, ABENDS: TEIG AUS DEM TEIGBEHÄLTER NEHMEN, LAIB FORMEN, ÜBER NACHT IM KÜHLSCHRANK GEHEN LASSEN.

TAG 3, MORGENS ODER SPÄTESTENS AM FRÜHEN NACHMITTAG: BACKEN.

DAS LANDBROT SIEHT RUSTIKAL AUS UND ENTHÄLT EINE KRÄFTIGERE MEHLMISCHUNG ALS EIN WEIẞES STADTBROT.
DIE GENAUE MISCHUNG BLEIBT DIR ÜBERLASSEN.
ALS TRIEBMITTEL WIRD AUSSCHLIEẞLICH SAUERTEIG VERWENDET.
ES SOLLTE EIN HERZHAFTES BROT MIT KNUSPRIGER KRUSTE WERDEN, DAS GENAUE GEGENSTÜCK ZU EINEM FEINEN WEIẞBROT.
DER SAUERTEIG-ANSATZ IST SCHNELL UND EINFACH IN WENIGEN MINUTEN ANGEMISCHT.
ICH EMPFEHLE DREI AUFFRISCHUNGEN.
DADURCH GEHT DER TEIG GUT AUF, DER GESCHMACK IST AUSGEWOGEN UND NICHT ZU SAUER.
NUR MIT NATURSAUERTEIG OHNE HEFE ZU BACKEN, IST AUFWENDIGER, ABER ES LOHNT SICH!

SAUERTEIGANSATZ: TAG 1, MORGENS

ZUTAT	MENGE
ANSTELLGUT	50 BIS 60 G
WEIßMEHL	100 G
WASSER	100 G (24-27 °C IM SOMMER, 29 °C IM WINTER)

SAUERTEIGANSATZ: TAG 1, ABENDS

ZUTAT	MENGE
SAUERTEIGANSATZ VOM MORGEN	DIE GESAMTE MENGE
WEIßMEHL	100 G
WASSER	100 G (21 °C IM SOMMER, 29 °C IM WINTER)

SAUERTEIGANSATZ: TAG 2, MORGENS

ZUTAT	MENGE
SAUERTEIGANSATZ	50 BIS 60 G IM SOMMER, 75 G IM WINTER
WEIßMEHL	100 G
WASSER	100 G (32-35 °C)

HAUPTTEIG: TAG 2, NACHMITTAGS

ZUTAT	MENGE	BÄCKER-PROZENTE
WEIßMEHL	295 G	79 %
WEIZENVOLLKORNMEHL	80 G	16 %
ROGGENMEHL, DUNKLES ODER VOLLKORN	25 G	5 %
WASSER	300 G (32-35 °C)	80 %
FEINES MEERSALZ	11 G	2.2 %
SAUERTEIGANSATZ	200 G	20 %

TAG 1, MORGENS ZWISCHEN 8 UND 12 UHR
FÜR DEN SAUERTEIGANSATZ EINEN LEEREN 2-LITER-TEIGBEHÄLTER WIEGEN.
131.0
GEWICHT FÜR SPÄTER AUF EINEM ZETTEL ODER AUF DEM BEHÄLTER NOTIEREN.
131
100 GRAMM WASSER IN DEN BEHÄLTER GIEßEN (24-27°C IM SOMMER, 29°C IM WINTER).
50 BIS 60 GRAMM ANSTELLGUT AUS DEM KÜHLSCHRANK NEHMEN, DAZUGEBEN UND MIT DEN FINGERN LOCKER VERMISCHEN.
100 GRAMM WEIßMEHL HINZUFÜGEN UND MIT DEN FINGERN UNTERMENGEN.
MIT EINEM DECKEL ODER FOLIE ABDECKEN UND BEI ZIMMERTEMPERATUR STEHEN LASSEN.
DAS KLAPPT GUT BEI 21°C.
IST ES IN DEINER KÜCHE DEUTLICH WÄRMER, SAGEN WIR 24 BIS 27°C, DANN VERWENDE KÄLTERES WASSER (18-21°C).
DAS ÜBRIGE ANSTELLGUT KANNST DU WIEDER IN DEN KÜHLSCHRANK STELLEN.

TAG 1, ABENDS, 8 BIS 12 STUNDEN SPÄTER
DEN SAUERTEIGANSATZ VOM MORGEN KOMPLETT VERWENDEN.
100 GRAMM WASSER (21 °C IM SOMMER, 29 °C IM WINTER) UND 100 GRAMM WEIẞMEHL ABMESSEN UND HINZUGEBEN.
MIT DER HAND GUT VERMENGEN.
MIT DECKEL ODER FOLIE ZUDECKEN.
BEI ZIMMERTEMPERATUR (18-21 °C) BIS ZUM NÄCHSTEN MORGEN STEHEN LASSEN.
FALLS ES SOMMER UND IN DEINER KÜCHE NACHTS DEUTLICH WÄRMER IST, ZUM BEISPIEL 24 BIS 27 °C,
16.0
DANN VERWENDE WIEDER KÄLTERES WASSER, DIESMAL SOLLTE ES ETWA 16 °C HABEN.
ES MUSS KÜHLER SEIN ALS DAS WASSER BEIM VORIGEN AUFFRISCHEN,
DENN DER ANSATZ HAT JA SCHON DIE WÄRMERE ZIMMERTEMPERATUR.

TAG 2, MORGENS, 10 BIS 12 STUNDEN NACH DEM MISCHEN AM VORABEND
GEGEN 8 UHR MORGENS NIMMST DU DEN SAUERTEIGANSATZ VON TAG 1 BIS AUF 50 BIS 60 GRAMM (IM WINTER 75 GRAMM) AUS DEINEM BEHÄLTER HERAUS.
181.0
DU KANNST DEN RESTLICHEN ANSATZ WEGWERFEN – ODER DARAUS EINEN KÖSTLICHEN PIZZATEIG MACHEN (SIEHE SEITEN 143 UND 146).
100 GRAMM WASSER (32-35 °C) ZUM ANSATZ HINZUFÜGEN UND MIT DEN FINGERN ZU EINEM DÜNNFLÜSSIGEN BREI VERMISCHEN.
100 GRAMM WEIẞMEHL DAZUGEBEN UND MIT DER HAND GUT UNTERMENGEN.
AN EINEN WARMEN ORT MIT 21 BIS 24 °C STELLEN.
TAG 2, NACHMITTAGS, 7 BIS 8 STUNDEN NACH DEM ANMISCHEN DES SAUERTEIGANSATZES
EIN SICHTBARES ZEICHEN, DASS DEIN ANSATZ BALD FÜR DEN NÄCHSTEN SCHRITT BEREIT IST, SIND KLEINE BLÄSCHEN AN DER OBERFLÄCHE.
ETWA EINE STUNDE SPÄTER WIRD DIE GESAMTE OBERFLÄCHE MIT BLÄSCHEN ÜBERSÄT SEIN. DANN IST ES SO WEIT.

DU WIRST SPÜREN, WIE LEICHT UND LUFTIG DER ANSATZ SICH ANFÜHLT, WENN DU IHN HERAUSNIMMST, UM DEN TEIG ANZUMISCHEN.
DU KANNST DIR DAMIT NOCH ETWA ZWEI STUNDEN LANG ZEIT LASSEN, DANACH WIRD ER ZU SAUER.
1: VORTEIG (AUTOLYSE)
300 GRAMM WASSER (32-35 °C) IN EINEN 6-LITER-TEIGBEHÄLTER GIEßEN.
DIE ARBEITSHAND ANFEUCHTEN UND 200 GRAMM DEINES SAUERTEIGANSATZES DAZUGEBEN.
LOCKER VERMISCHEN.
295 GRAMM WEIßMEHL, 80 GRAMM WEIZENVOLLKORNMEHL UND 25 GRAMM ROGGENMEHL HINZUFÜGEN.
MIT DER HAND ALLES GUT VERMENGEN.
11G FEINES MEERSALZ GLEICHMÄßIG DARAUF VERTEILEN. ES WIRD SICH TEILWEISE AUFLÖSEN.
DECKEL AUFLEGEN UND DEN TEIG 20 MINUTEN STEHEN LASSEN.

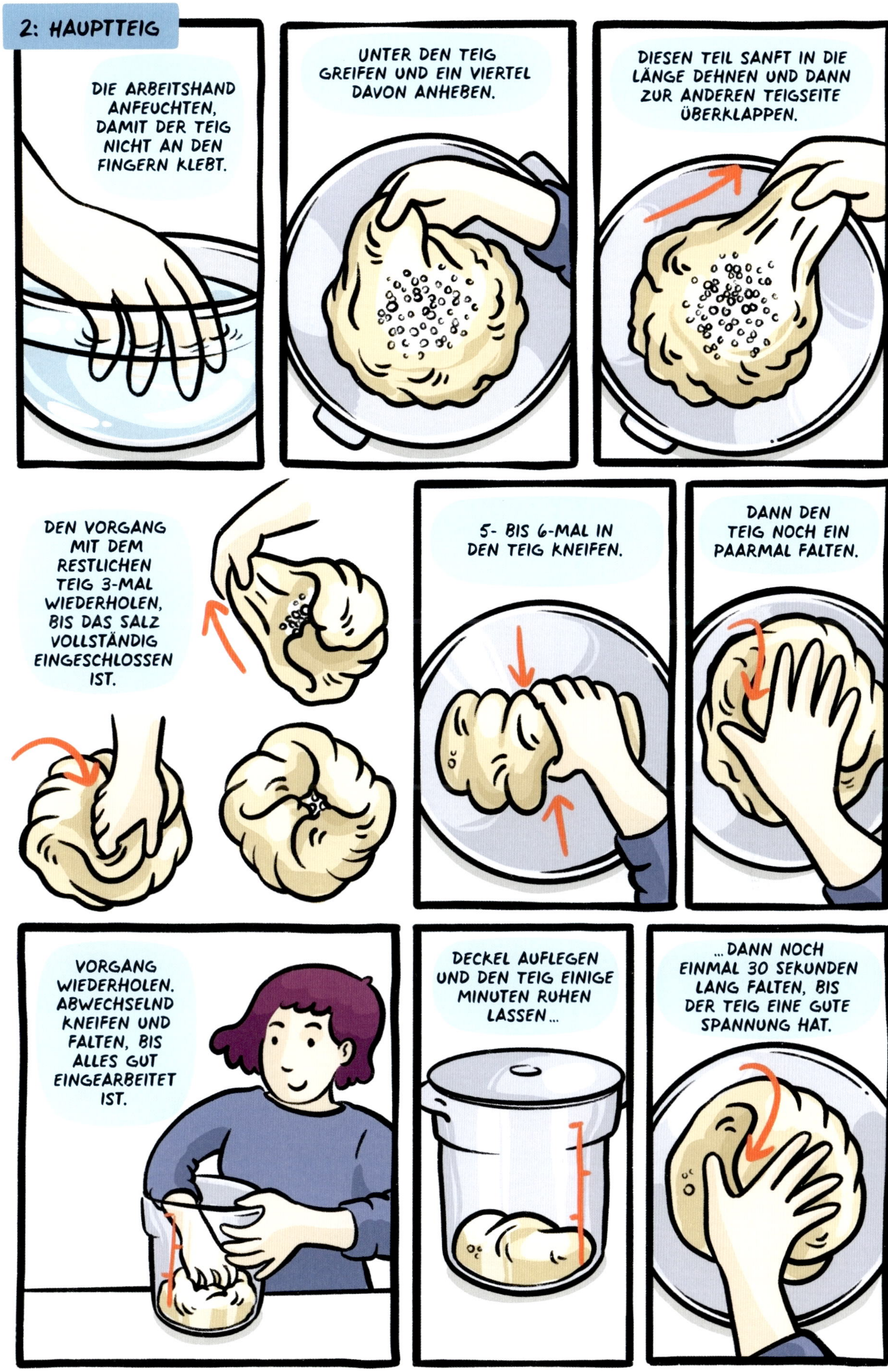
2: HAUPTTEIG
DIE ARBEITSHAND ANFEUCHTEN, DAMIT DER TEIG NICHT AN DEN FINGERN KLEBT.
UNTER DEN TEIG GREIFEN UND EIN VIERTEL DAVON ANHEBEN.
DIESEN TEIL SANFT IN DIE LÄNGE DEHNEN UND DANN ZUR ANDEREN TEIGSEITE ÜBERKLAPPEN.
DEN VORGANG MIT DEM RESTLICHEN TEIG 3-MAL WIEDERHOLEN, BIS DAS SALZ VOLLSTÄNDIG EINGESCHLOSSEN IST.
5- BIS 6-MAL IN DEN TEIG KNEIFEN.
DANN DEN TEIG NOCH EIN PAARMAL FALTEN.
VORGANG WIEDERHOLEN. ABWECHSELND KNEIFEN UND FALTEN, BIS ALLES GUT EINGEARBEITET IST.
DECKEL AUFLEGEN UND DEN TEIG EINIGE MINUTEN RUHEN LASSEN …
… DANN NOCH EINMAL 30 SEKUNDEN LANG FALTEN, BIS DER TEIG EINE GUTE SPANNUNG HAT.

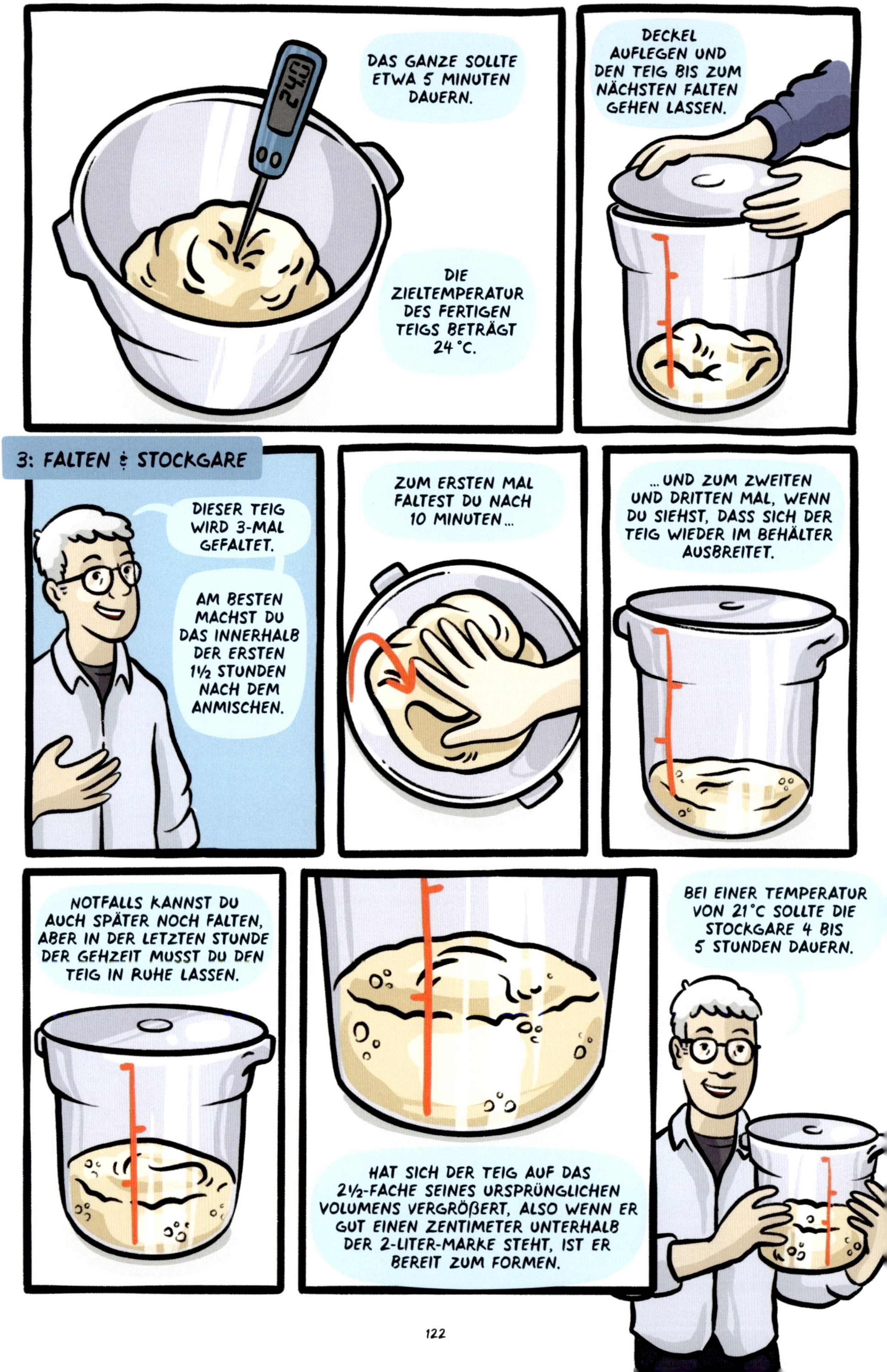
DAS GANZE SOLLTE ETWA 5 MINUTEN DAUERN.
DIE ZIELTEMPERATUR DES FERTIGEN TEIGS BETRÄGT 24 °C.
24.0
DECKEL AUFLEGEN UND DEN TEIG BIS ZUM NÄCHSTEN FALTEN GEHEN LASSEN.
3: FALTEN & STOCKGARE
DIESER TEIG WIRD 3-MAL GEFALTET.
AM BESTEN MACHST DU DAS INNERHALB DER ERSTEN 1½ STUNDEN NACH DEM ANMISCHEN.
ZUM ERSTEN MAL FALTEST DU NACH 10 MINUTEN …
… UND ZUM ZWEITEN UND DRITTEN MAL, WENN DU SIEHST, DASS SICH DER TEIG WIEDER IM BEHÄLTER AUSBREITET.
NOTFALLS KANNST DU AUCH SPÄTER NOCH FALTEN, ABER IN DER LETZTEN STUNDE DER GEHZEIT MUSST DU DEN TEIG IN RUHE LASSEN.
HAT SICH DER TEIG AUF DAS 2½-FACHE SEINES URSPRÜNGLICHEN VOLUMENS VERGRÖßERT, ALSO WENN ER GUT EINEN ZENTIMETER UNTERHALB DER 2-LITER-MARKE STEHT, IST ER BEREIT ZUM FORMEN.
BEI EINER TEMPERATUR VON 21 °C SOLLTE DIE STOCKGARE 4 BIS 5 STUNDEN DAUERN.

IST ES IN DEINER KÜCHE WÄRMER ODER KÄLTER, ÄNDERT SICH DIESE ZEIT. BEHALT DEN TEIG ALSO IM AUGE, DAMIT DU DEN MOMENT NICHT VERPASST.
ES KOMMT WENIGER AUF DIE GEHZEIT ALS AUF DAS ERREICHTE VOLUMEN AN.
HAST DU KEINEN TEIGBEHÄLTER MIT SKALA, MUSST DU NACH AUGENMAß VORGEHEN UND DAS VOLUMEN SCHÄTZEN.
TAG 2, ABENDS
4: TEIG AUS DEM BEHÄLTER HOLEN
EINE ETWA 30 ZENTIMETER BREITE ARBEITSFLÄCHE MIT MEHL BESTÄUBEN.
HÄNDE BEMEHLEN ...
... UND ETWAS MEHL AM INNEREN BEHÄLTERRAND VERTEILEN.
DEN BEHÄLTER LEICHT NEIGEN UND MIT DER BEMEHLTEN FREIEN HAND DEN TEIG VOM BODEN LÖSEN.
DEN BEHÄLTER AUF DIE SEITE KIPPEN UND DEN TEIG VORSICHTIG, OHNE DARAN ZU ZIEHEN UND ZU REIßEN, AUF DIE ARBEITSFLÄCHE BEWEGEN.

5: DEN LAIB FORMEN
EINEN GÄRKORB INNEN GLEICHMÄẞIG MIT MEHL BESTÄUBEN.
DEN TEIG ZU EINER MITTELFESTEN KUGEL FORMEN, WIE AUF SEITE 34 BESCHRIEBEN.
DANN MIT DER NAHT NACH UNTEN IN DEN GÄRKORB LEGEN.
6: STÜCKGARE
DEN KORB IN EINE PLASTIKTÜTE STECKEN UND DIE RÄNDER UNTER DEN KORB SCHIEBEN.
ÜBER NACHT IN DEN KÜHLSCHRANK STELLEN.
AM NÄCHSTEN MORGEN, NACH 12 BIS 16 STUNDEN, SOLLTE DAS BROT BACKBEREIT SEIN.
DU BRAUCHST ES VORHER NICHT AUF ZIMMERTEMPERATUR ZU BRINGEN.
TAG 3: MORGENS ODER AM FRÜHEN NACHMITTAG
ETWA 45 MINUTEN VOR DEM BACKEN EINEN ROST IN DIE MITTE DES OFENS SCHIEBEN …
… UND EINEN LEEREN GUSSEISENTOPF MIT DECKEL DARAUFSTELLEN.
7: DEN OFEN VORHEIZEN
OFEN AUF 245 °C VORHEIZEN.
245°

8. BACKEN

DEN GEGANGENEN TEIG AUS DEM KORB AUF EINE LEICHT BEMEHLTE ARBEITSFLÄCHE STÜRZEN.
FALLS NÖTIG, DEN KORBRAND AUF DIE ARBEITSPLATTE SCHLAGEN, UM DEN LAIB ZU LÖSEN.
DIE NAHTSTELLE LIEGT JETZT OBEN.
BEIM NÄCHSTEN SCHRITT DARAUF ACHTEN, DASS DU DEN HEIßEN TOPF NICHT MIT FINGERN, HÄNDEN ODER UNTERARMEN BERÜHRST.
HOL IHN MIT TOPFHANDSCHUHEN AUS DEM OFEN.
NIMM DEN DECKEL AB …
… UND LEG DAS BROT VORSICHTIG MIT DER NAHT NACH OBEN HINEIN.
MIT HANDSCHUHEN DEN DECKEL WIEDER AUFLEGEN …
… UND DEN TOPF ZURÜCK AUF DEN ROST STELLEN. 30 MINUTEN BACKEN.

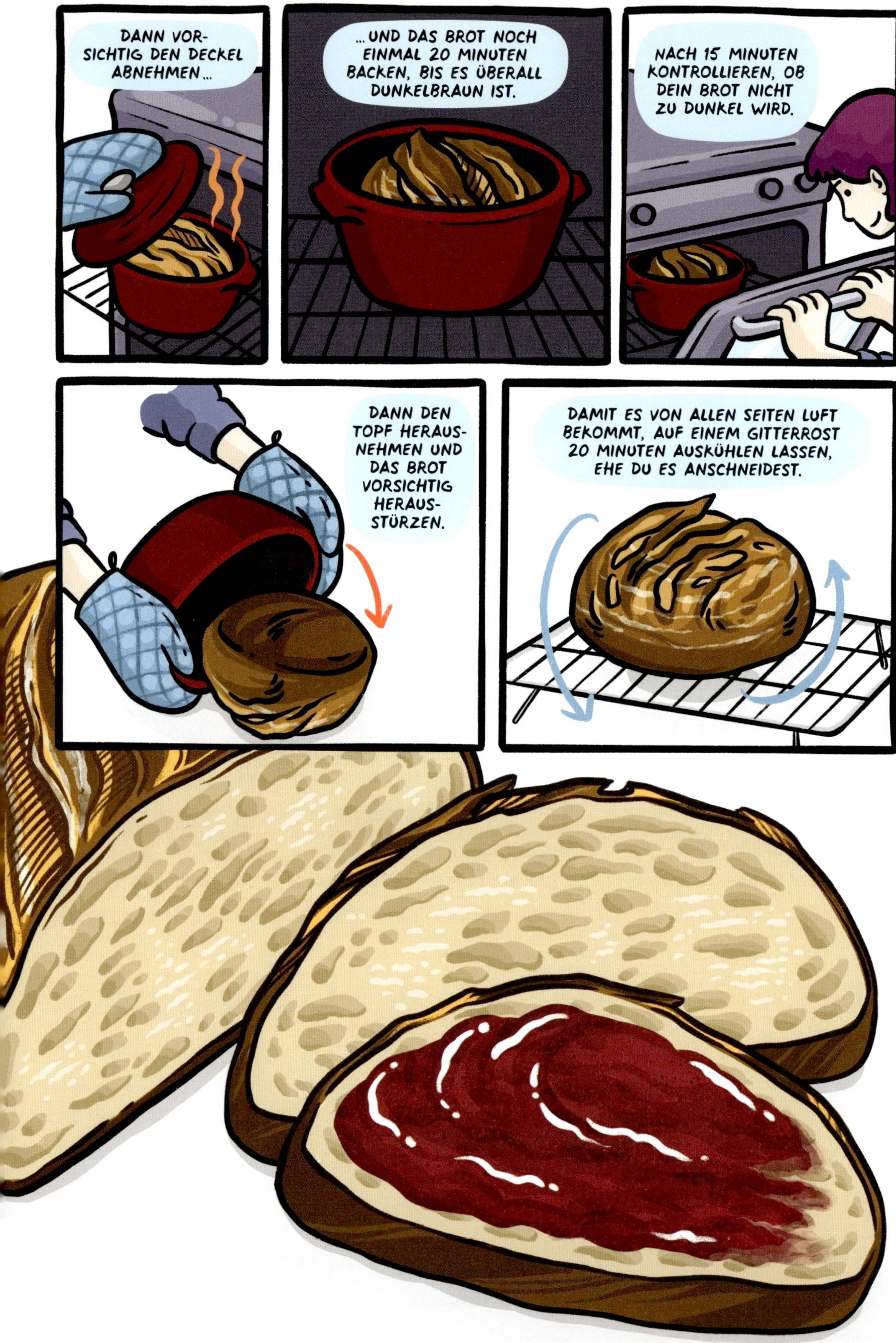
DANN VORSICHTIG DEN DECKEL ABNEHMEN …
… UND DAS BROT NOCH EINMAL 20 MINUTEN BACKEN, BIS ES ÜBERALL DUNKELBRAUN IST.
NACH 15 MINUTEN KONTROLLIEREN, OB DEIN BROT NICHT ZU DUNKEL WIRD.
DANN DEN TOPF HERAUSNEHMEN UND DAS BROT VORSICHTIG HERAUSSTÜRZEN.
DAMIT ES VON ALLEN SEITEN LUFT BEKOMMT, AUF EINEM GITTERROST 20 MINUTEN AUSKÜHLEN LASSEN, EHE DU ES ANSCHNEIDEST.

VARIANTE DES LANDBROTS:
DAS WALNUSSBROT

DAS SPECKBROT

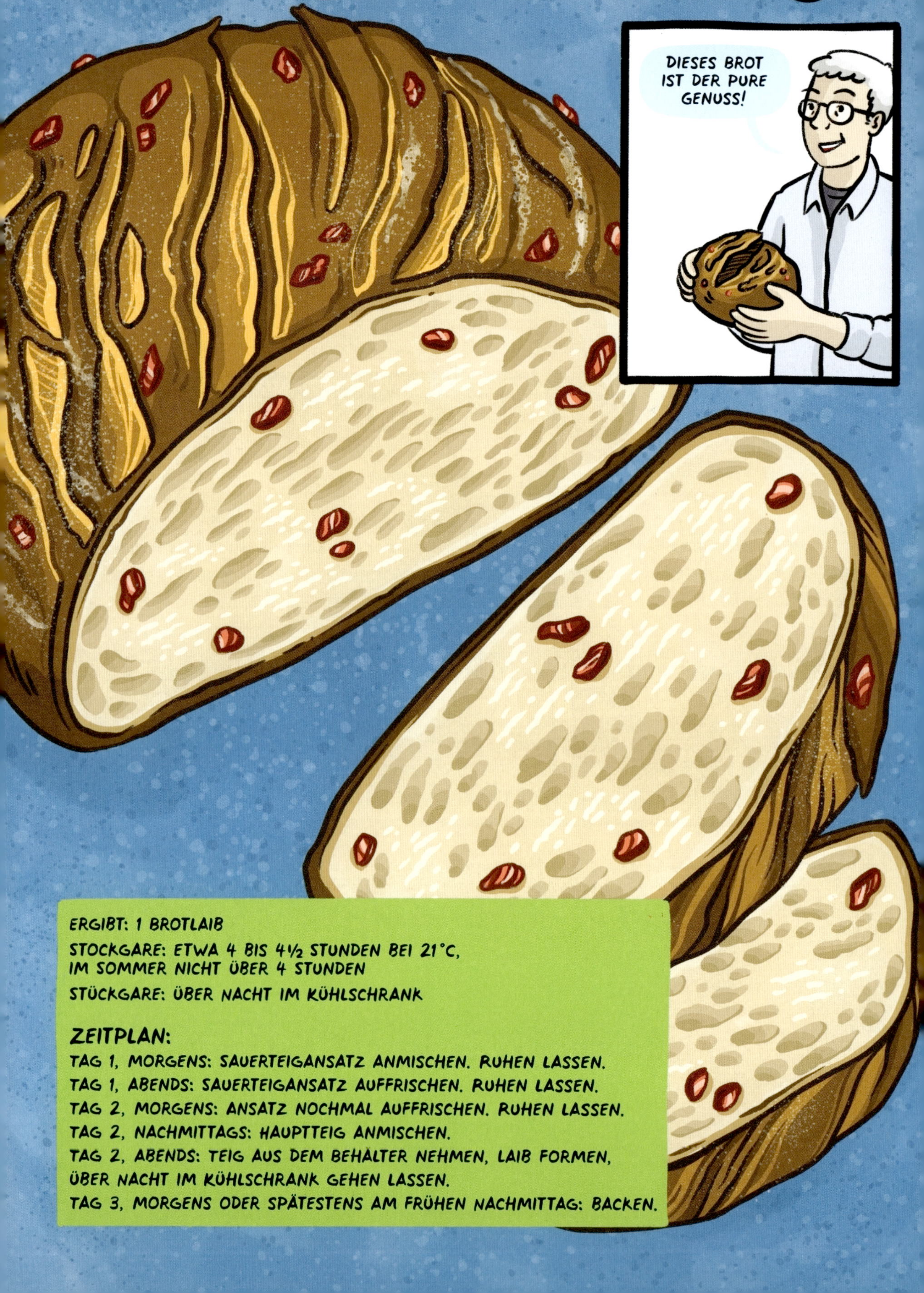

ERGIBT: 1 BROTLAIB

STOCKGARE: ETWA 4 BIS 4½ STUNDEN BEI 21 °C, IM SOMMER NICHT ÜBER 4 STUNDEN

STÜCKGARE: ÜBER NACHT IM KÜHLSCHRANK

ZEITPLAN:

TAG 1, MORGENS: SAUERTEIGANSATZ ANMISCHEN. RUHEN LASSEN.
TAG 1, ABENDS: SAUERTEIGANSATZ AUFFRISCHEN. RUHEN LASSEN.
TAG 2, MORGENS: ANSATZ NOCHMAL AUFFRISCHEN. RUHEN LASSEN.
TAG 2, NACHMITTAGS: HAUPTTEIG ANMISCHEN.
TAG 2, ABENDS: TEIG AUS DEM BEHÄLTER NEHMEN, LAIB FORMEN, ÜBER NACHT IM KÜHLSCHRANK GEHEN LASSEN.
TAG 3, MORGENS ODER SPÄTESTENS AM FRÜHEN NACHMITTAG: BACKEN.

DIE SÄURE DES SAUERTEIGS IST HIER DER PERFEKTE AUSGLEICH ZUM FETTIGEN SPECK.
DIESES BROT SCHMECKT WARM BESONDERS GUT, ENTWEDER OFENFRISCH ODER GERÖSTET.
EINE WUCHT IST ES MIT SPIEGELEI UND EINEM GLAS GEKÜHLTEM CIDRE ODER SCHAMPUS DAZU.
EIN HAMMER ALS SANDWICH MIT SPECK, SALAT, REIFEN TOMATEN UND ZITRONENMAYONNAISE.
EIN TRAUM ALS WARME, KNUSPRIGE CROUTONS IN EINEM BLATTSALAT MIT VINAIGRETTE.
UND MIT ERDNUSSBUTTER, BANANE UND NOCH EIN PAAR SCHEIBEN SPECK WÄRE ES DAS ULTIMATIVE »ELVIS-SANDWICH«.
BEI DIESEM TEIG IST DIE STOCKGARE ETWAS KÜRZER ALS BEIM LANDBROT.
DIE HEFE FREUT SICH ÜBER DAS FETT VOM SPECK, DESHALB GEHT DER TEIG SCHNELLER AUF.

SAUERTEIGANSATZ: TAG 1, MORGENS

ZUTAT	MENGE		
ANSTELLGUT	50 BIS 60 G		
WEIßMEHL	100 G		
WASSER	100 G (24-27 °C IM SOMMER, 29 °C IM WINTER)		

SAUERTEIGANSATZ: TAG 1, ABENDS

ZUTAT	MENGE		
SAUERTEIGANSATZ VOM MORGEN	DIE GESAMTE MENGE		
WEIßMEHL	100 G		
WASSER	100 G (21 °C IM SOMMER, 29 °C IM WINTER)		

SAUERTEIGANSATZ: TAG 2, MORGENS

ZUTAT	MENGE		
SAUERTEIGANSATZ	50 BIS 60 G IM SOMMER, 75 G IM WINTER		
WEIßMEHL	100 G		
WASSER	100 G (32-35 °C)		

HAUPTTEIG: TAG 2, NACHMITTAGS

ZUTAT	MENGE		BÄCKER-PROZENTE
WEIßMEHL	300 G		80 %
WEIZENVOLLKORNMEHL	100 G		20 %
WASSER	300 G (32-35 °C)		80 %
FEINES MEERSALZ	11 G		2.2 %
SAUERTEIGANSATZ	200 G		20 %
FRÜHSTÜCKSSPECK (BACON)	250 G	IN 2,5 CM GROßE STÜCKE GESCHNITTEN, 1 EL SPECKFETT EXTRA	

TAG 1, MORGENS ZWISCHEN 8 UND 12 UHR
EINEN LEEREN 2-LITER-BEHÄLTER WIEGEN.
131.0
DAS GEWICHT FÜR SPÄTER AUF DEM BEHÄLTER ODER EINEM ZETTEL NOTIEREN.
131
100 GRAMM WASSER (IM SOMMER 24-27 °C, IM WINTER 29 °C) HINEINGIEẞEN.
50 BIS 60 GRAMM ANSTELLGUT AUS DEM KÜHLSCHRANK DAZUGEBEN UND LOCKER MIT DEN FINGERN VERMENGEN.
DANN 100 GRAMM WEIẞMEHL MIT DER HAND GUT UNTERMISCHEN.
MIT DEM DECKEL ODER FOLIE ABDECKEN UND BEI ZIMMERTEMPERATUR STEHEN LASSEN.
DAS KLAPPT GUT BEI 21 °C RAUMTEMPERATUR.
IST ES IN DEINER KÜCHE WESENTLICH WÄRMER, ETWA 24 BIS 27 °C, DANN VERWENDE KALTES WASSER (18-21 °C).
DAS RESTLICHE ANSTELLGUT KOMMT WIEDER IN DEN KÜHLSCHRANK.

TAG 1 ABENDS, 8 BIS 12 STUNDEN SPÄTER
DEN GESAMTEN SAUERTEIGANSATZ VOM MORGEN VERWENDEN.
100 GRAMM WASSER (21 °C IM SOMMER, 29 °C IM WINTER) UND 100 GRAMM WEIẞMEHL AUF DEN ANSATZ GEBEN.
MIT DEN FINGERN GUT EINARBEITEN.
DECKEL AUFLEGEN ODER MIT FOLIE ABDECKEN.
BEI ZIMMERTEMPERATUR (18-21 °C) BIS ZUM NÄCHSTEN MORGEN STEHEN LASSEN.
FALLS ES SOMMER UND IN DEINER KÜCHE WESENTLICH WÄRMER IST (ZWISCHEN 24 UND 27 °C)…
16.0
…DANN VERWENDE WIEDER KÄLTERES WASSER, DIESMAL MIT 16 °C.
ES MUSS KÜHLER SEIN ALS BEIM VORIGEN AUFFRISCHEN…
…WEIL DER ANSATZ JA SCHON DIE WÄRMERE ZIMMERTEMPERATUR HAT.

TAG 2, MORGENS, 10 BIS 12 STUNDEN NACH DEM AUFFRISCHEN AM VORABEND
GEGEN 8 UHR MORGENS NIMMST DU DEN SAUERTEIG-ANSATZ VON TAG 1 BIS AUF 50 BIS 60 GRAMM (IM WINTER 75 GRAMM) AUS DEM BEHÄLTER HERAUS.
181.0
DEN RESTLICHEN ANSATZ KANNST DU WEGWERFEN – ODER DARAUS EINEN KÖSTLICHEN PIZZATEIG MACHEN (SIEHE SEITEN 143 UND 146).
100 GRAMM WASSER (32-35 °C) ZUM ANSATZ HINZUFÜGEN UND MIT DEN FINGERN ZU EINEM DÜNNFLÜSSIGEN BREI VERMISCHEN.
100 GRAMM WEIẞMEHL MIT DER HAND GUT UNTERMENGEN.
AN EINEN WARMEN ORT MIT 21 BIS 24 °C STELLEN.
TAG 2, NACHMITTAGS, 7 BIS 8 STUNDEN SPÄTER
1.A: DEN SPECK BRATEN
MIT EINEM SCHARFEN MESSER DIE SPECKSCHEIBEN IN 2,5 ZENTIMETER BREITE STREIFEN SCHNEIDEN.
DEN SPECK IN EINER GROẞEN PFANNE BEI MITTLERER HITZE KNUSPRIG BRATEN.

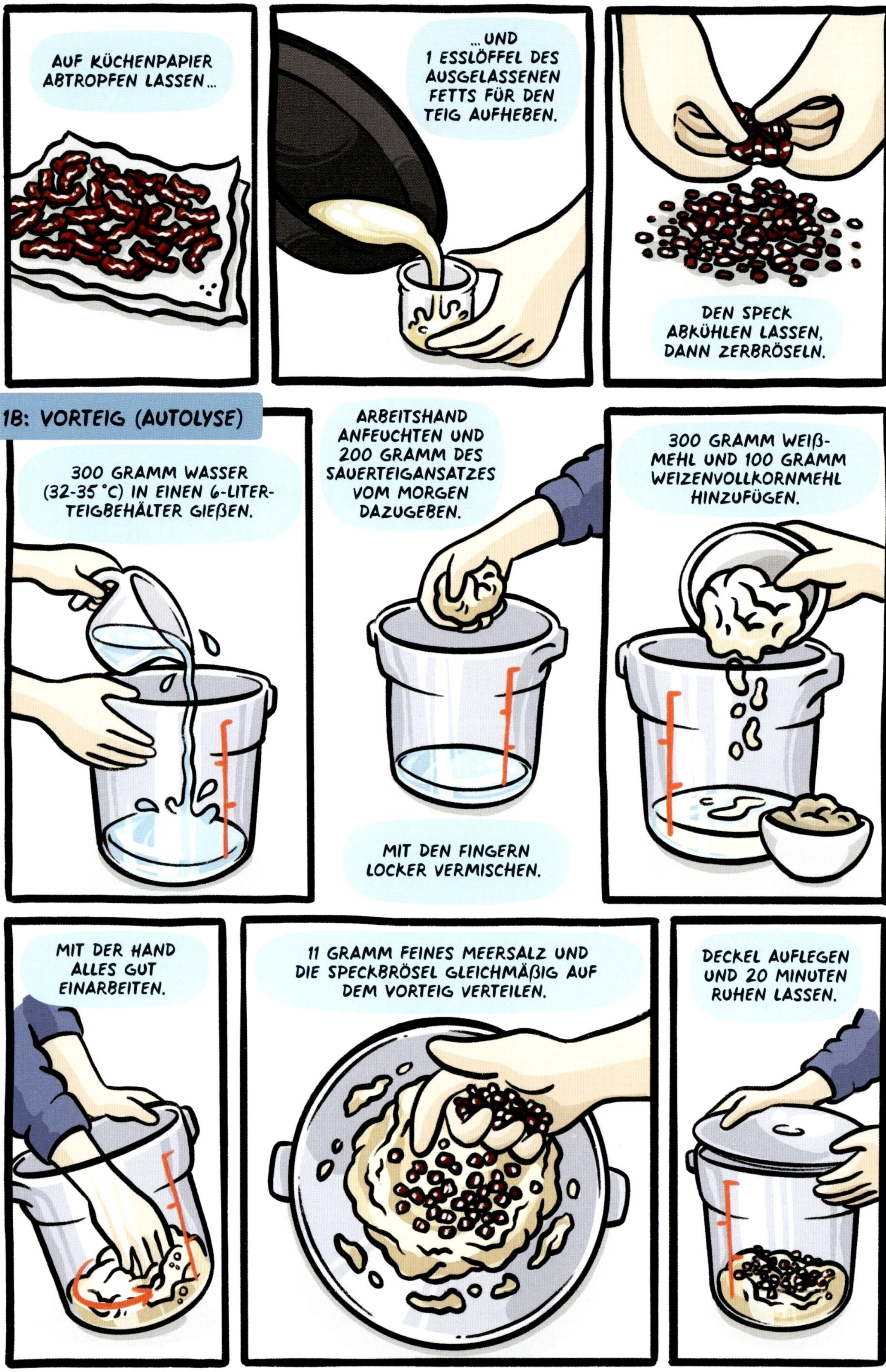
AUF KÜCHENPAPIER ABTROPFEN LASSEN …
… UND 1 ESSLÖFFEL DES AUSGELASSENEN FETTS FÜR DEN TEIG AUFHEBEN.
DEN SPECK ABKÜHLEN LASSEN, DANN ZERBRÖSELN.
1B: VORTEIG (AUTOLYSE)
300 GRAMM WASSER (32-35 °C) IN EINEN 6-LITER-TEIGBEHÄLTER GIEßEN.
ARBEITSHAND ANFEUCHTEN UND 200 GRAMM DES SAUERTEIGANSATZES VOM MORGEN DAZUGEBEN.
MIT DEN FINGERN LOCKER VERMISCHEN.
300 GRAMM WEIß-MEHL UND 100 GRAMM WEIZENVOLLKORNMEHL HINZUFÜGEN.
MIT DER HAND ALLES GUT EINARBEITEN.
11 GRAMM FEINES MEERSALZ UND DIE SPECKBRÖSEL GLEICHMÄßIG AUF DEM VORTEIG VERTEILEN.
DECKEL AUFLEGEN UND 20 MINUTEN RUHEN LASSEN.

2A: MISCHEN
DIE ARBEITSHAND ANFEUCHTEN, DAMIT DER TEIG NICHT AN DEN FINGERN KLEBT.
UNTER DEN TEIG GREIFEN UND EIN VIERTEL DAVON ANHEBEN.
DIESEN TEIL SANFT IN DIE LÄNGE DEHNEN UND DANN ZUR ANDEREN TEIGSEITE ÜBERKLAPPEN.
DEN VORGANG MIT DEM RESTLICHEN TEIG 3-MAL WIEDERHOLEN, BIS DAS SALZ VOLLSTÄNDIG EINGESCHLOSSEN IST.
5- BIS 6-MAL IN DEN TEIG KNEIFEN.
DANN DEN TEIG NOCH EIN PAARMAL FALTEN.
VORGANG WIEDERHOLEN. ABWECHSELND KNEIFEN UND FALTEN, BIS ALLES GUT EINGEARBEITET IST.
DECKEL AUFLEGEN UND DEN TEIG EINIGE MINUTEN RUHEN LASSEN …
… DANN NOCH EINMAL 30 SEKUNDEN LANG FALTEN, BIS DER TEIG EINE GUTE SPANNUNG HAT.

DAS GANZE SOLLTE ETWA 5 MINUTEN DAUERN.
DIE ZIEL-TEMPERATUR DES FERTIGEN TEIGS BETRÄGT 24 °C.
24.0
DECKEL AUFLEGEN UND DEN TEIG 10 MINUTEN RUHEN LASSEN.
2B: DAS SPECKFETT UNTERMISCHEN
1 ESSLÖFFEL DES AUSGELASSENEN FETTS AUF DEM TEIG VERTEILEN.
DAS FETT MIT DER KNEIF- UND FALTMETHODE GLEICHMÄẞIG IN DEN TEIG EINARBEITEN.
DEN BEHÄLTER ABDECKEN UND DEN TEIG BIS ZUM NÄCHSTEN FALTEN GEHEN LASSEN.
3: FALTEN & STOCKGARE
DIESER TEIG WIRD 3-MAL GEFALTET.
AM BESTEN MACHST DU DAS INNERHALB DER ERSTEN 1½ STUNDEN NACH DEM ANMISCHEN.
ZUM ERSTEN MAL FALTEST DU NACH 10 MINUTEN …
… UND ZUM ZWEITEN UND DRITTEN MAL JEWEILS, WENN DU SIEHST, DASS DER TEIG SICH WIEDER IM BEHÄLTER AUSBREITET.

NOTFALLS KANNST DU IHN AUCH SPÄTER NOCH FALTEN, ABER IN DER LETZTEN STUNDE DER GEHZEIT MUSST DU DEN TEIG IN RUHE LASSEN.
HAT SICH DER TEIG AUF DAS 2½-FACHE SEINES URSPRÜNGLICHEN VOLUMENS VERGRÖßERT, ALSO WENN ER GUT EINEN ZENTIMETER UNTERHALB DER 2-LITER-MARKE STEHT …
… KANNST DU IHN ZU EINEM LAIB FORMEN.
IST DIE RAUMTEMPERATUR 21 °C, SOLLTE DIE STOCKGARE 4 BIS 4½ STUNDEN DAUERN.
DIESER TEIG GEHT ETWAS SCHNELLER AUF ALS DER LANDBROTTEIG, WEIL DAS SPECKFETT DER HEFE ZUSÄTZLICHE NAHRUNG LIEFERT. MAMPF!
RICHTE DICH BEI DEINER EINSCHÄTZUNG MEHR NACH DEM TEIGVOLUMEN ALS NACH DER UHR.
IST ES IN DEINER KÜCHE WÄRMER ODER KÄLTER ALS BEI MIR, IST DIE GEHZEIT KÜRZER ODER LÄNGER.
HAST DU KEINEN TEIGBEHÄLTER MIT MARKIERUNG, MUSST DU DAS ERREICHTE TEIGVOLUMEN NACH AUGENMAß SCHÄTZEN.
TAG 2, ABENDS
4: TEIG AUS DEM BEHÄLTER HOLEN
EINE ETWA 30 ZENTIMETER BREITE ARBEITSFLÄCHE MIT MEHL BESTÄUBEN.
HÄNDE BEMEHLEN …
… UND ETWAS MEHL AM INNEREN BEHÄLTERRAND VERTEILEN.

DEN BEHÄLTER LEICHT NEIGEN UND MIT DER BEMEHLTEN FREIEN HAND DEN TEIG VOM BODEN LÖSEN.
DEN BEHÄLTER AUF DIE SEITE KIPPEN UND DEN TEIG VORSICHTIG, OHNE DARAN ZU ZIEHEN UND ZU REIßEN, AUF DIE ARBEITSFLÄCHE BEWEGEN.
5: DEN LAIB FORMEN
EINEN GÄRKORB INNEN GLEICHMÄßIG MIT MEHL BESTÄUBEN.
DEN TEIG ZU EINER MITTELFESTEN KUGEL FORMEN, WIE AUF SEITE 34 BESCHRIEBEN.
DANN MIT DER NAHT NACH UNTEN IN DEN GÄRKORB LEGEN.
6: STÜCKGARE
DEN KORB IN EINE PLASTIKTÜTE STECKEN UND DIE RÄNDER UNTER DEN KORB SCHIEBEN.
ÜBER NACHT IN DEN KÜHLSCHRANK STELLEN.
12 BIS 16 STUNDEN SPÄTER SOLLTE DAS BROT BACKBEREIT SEIN.
DU BRAUCHST ES VORHER NICHT AUF ZIMMERTEMPERATUR ZU BRINGEN.

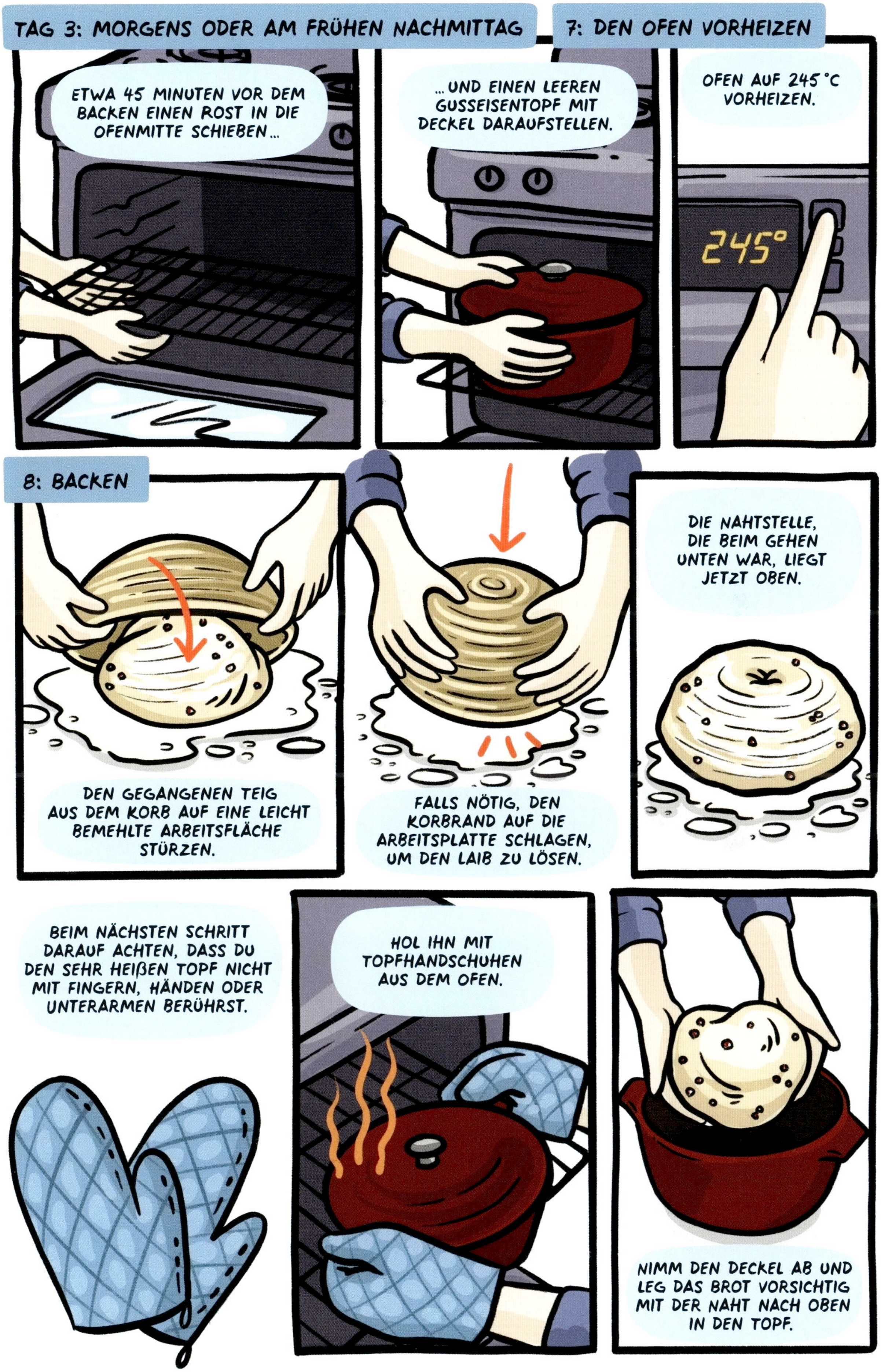
TAG 3: MORGENS ODER AM FRÜHEN NACHMITTAG
7: DEN OFEN VORHEIZEN
ETWA 45 MINUTEN VOR DEM BACKEN EINEN ROST IN DIE OFENMITTE SCHIEBEN …
… UND EINEN LEEREN GUSSEISENTOPF MIT DECKEL DARAUFSTELLEN.
OFEN AUF 245 °C VORHEIZEN.
245°
8: BACKEN
DEN GEGANGENEN TEIG AUS DEM KORB AUF EINE LEICHT BEMEHLTE ARBEITSFLÄCHE STÜRZEN.
FALLS NÖTIG, DEN KORBRAND AUF DIE ARBEITSPLATTE SCHLAGEN, UM DEN LAIB ZU LÖSEN.
DIE NAHTSTELLE, DIE BEIM GEHEN UNTEN WAR, LIEGT JETZT OBEN.
BEIM NÄCHSTEN SCHRITT DARAUF ACHTEN, DASS DU DEN SEHR HEIẞEN TOPF NICHT MIT FINGERN, HÄNDEN ODER UNTERARMEN BERÜHRST.
HOL IHN MIT TOPFHANDSCHUHEN AUS DEM OFEN.
NIMM DEN DECKEL AB UND LEG DAS BROT VORSICHTIG MIT DER NAHT NACH OBEN IN DEN TOPF.

MIT HAND-SCHUHEN DEN DECKEL WIEDER AUFLEGEN.
DEN TOPF MITTIG AUF DEN ROST STELLEN UND 30 MINUTEN BACKEN.
DANN DEN DECKEL VORSICHTIG ABNEHMEN UND DAS BROT NOCH EINMAL 20 MINUTEN BACKEN, BIS ES ÜBERALL DUNKELBRAUN IST.
NACH 15 MINUTEN KONTROLLIEREN, OB DEIN BROT NICHT ZU DUNKEL WIRD.
DANN DEN TOPF HERAUSNEHMEN UND DAS BROT VORSICHTIG HERAUSSTÜRZEN.
DAMIT ES VON ALLEN SEITEN LUFT BEKOMMT, AUF EINEM GITTERROST 20 MINUTEN AUSKÜHLEN LASSEN, EHE DU ES ANSCHNEIDEST.

SAUERTEIGSTARTER VERWERTEN

MACHEN WIR ALSO AUS DEM ÜBRIG-GEBLIEBENEN SAUERTEIG-STARTER VON TAG 2 EINEN PIZZATEIG!
DAS GEHT SCHNELL UND IST GANZ EINFACH.
DIE ZUTATEN SIND DIESELBEN WIE FÜR BROTTEIG, DU HAST ALSO SCHON ALLES DA, WAS DU BRAUCHST.
ICH HABE ZWEI REZEPTE FÜR PIZZA.
BEIM ERSTEN WIRD DER GESAMTE ÜBRIGE STARTER VERWENDET, DU BRAUCHST NICHTS WEGZUWERFEN.
DER PIZZABODEN WIRD EIN DEUTLICHES, ABER ANGENEHMES SAUERTEIGAROMA HABEN.
BEIM ZWEITEN REZEPT NIMMST DU NUR DIE HÄLFTE DES ÜBRIGEN STARTERS. DADURCH SCHMECKT DER PIZZABODEN MILDER.
BEIDE SIND KÖSTLICH!

FRUCHTIG-INTENSIVER TEIG FÜR SAUERTEIGPIZZA MIT DEM GESAMTEN ANSATZREST

DIESES REZEPT ERGIBT CA. 825 GRAMM PIZZATEIG. REICHT FÜR 3 PIZZEN MIT 30 ZENTIMETER DURCHMESSER ODER FÜR 1 PIZZA VOM BLECH.

STOCKGARE: 1 STUNDE

STÜCKGARE: 4 BIS 5 STUNDEN BEI 21 °C. ALTERNATIV DEN TEIG NACH 3 STUNDEN IN DEN KÜHLSCHRANK STELLEN UND DIE PIZZA IN DEN NÄCHSTEN 3 TAGEN BACKEN.

ZUTAT	MENGE		BÄCKER-PROZENTE
BROTMEHL ODER PIZZAMEHL*	300 G		100 %
WASSER	140 G (27 °C)		67 %**
FEINES MEERSALZ	13 G	2½ TL	2.7 %
SAUERTEIGSTARTER	370 G		38 %

* GESAMTMEHLMENGE INKLUSIVE MEHL IM ANSATZ = 485 GRAMM

** INKLUSIVE DAS IM STARTER ENTHALTENE WASSER

1: TEIG ANMISCHEN

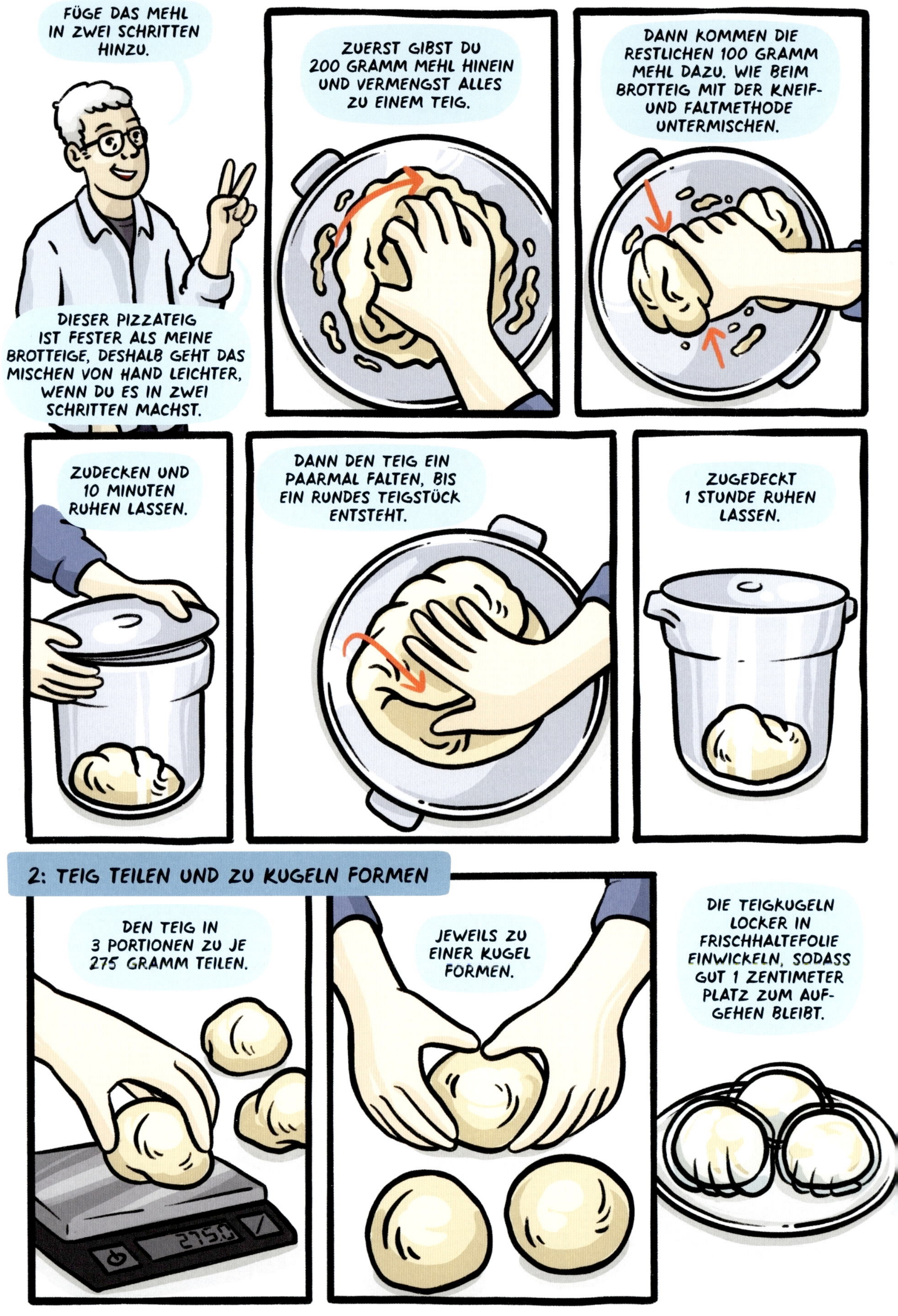
FÜGE DAS MEHL IN ZWEI SCHRITTEN HINZU.
DIESER PIZZATEIG IST FESTER ALS MEINE BROTTEIGE, DESHALB GEHT DAS MISCHEN VON HAND LEICHTER, WENN DU ES IN ZWEI SCHRITTEN MACHST.
ZUERST GIBST DU 200 GRAMM MEHL HINEIN UND VERMENGST ALLES ZU EINEM TEIG.
DANN KOMMEN DIE RESTLICHEN 100 GRAMM MEHL DAZU. WIE BEIM BROTTEIG MIT DER KNEIF- UND FALTMETHODE UNTERMISCHEN.
ZUDECKEN UND 10 MINUTEN RUHEN LASSEN.
DANN DEN TEIG EIN PAARMAL FALTEN, BIS EIN RUNDES TEIGSTÜCK ENTSTEHT.
ZUGEDECKT 1 STUNDE RUHEN LASSEN.
2: TEIG TEILEN UND ZU KUGELN FORMEN
DEN TEIG IN 3 PORTIONEN ZU JE 275 GRAMM TEILEN.
275.0
JEWEILS ZU EINER KUGEL FORMEN.
DIE TEIGKUGELN LOCKER IN FRISCHHALTEFOLIE EINWICKELN, SODASS GUT 1 ZENTIMETER PLATZ ZUM AUFGEHEN BLEIBT.

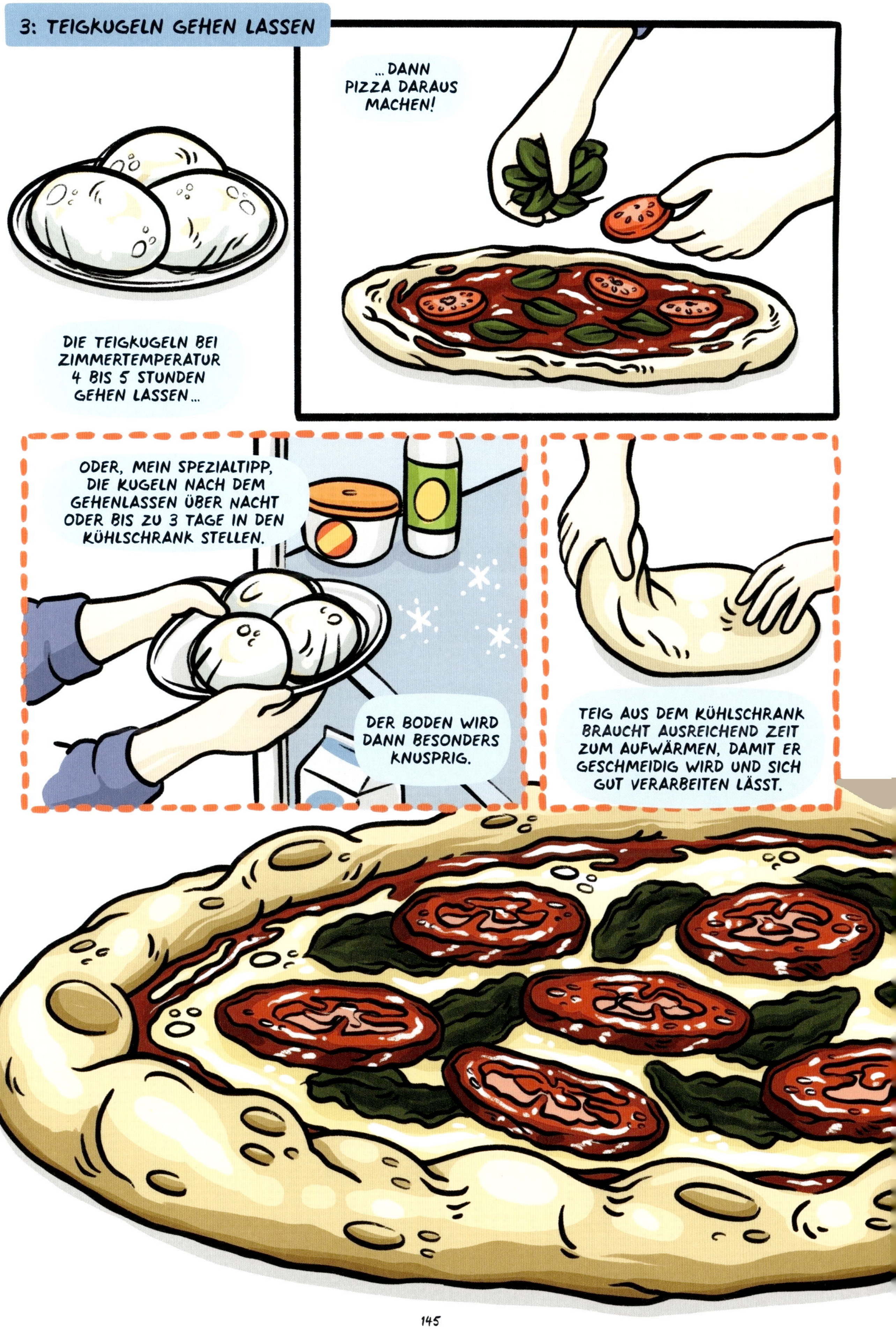
3: TEIGKUGELN GEHEN LASSEN
DIE TEIGKUGELN BEI ZIMMERTEMPERATUR 4 BIS 5 STUNDEN GEHEN LASSEN …
… DANN PIZZA DARAUS MACHEN!
ODER, MEIN SPEZIALTIPP, DIE KUGELN NACH DEM GEHENLASSEN ÜBER NACHT ODER BIS ZU 3 TAGE IN DEN KÜHLSCHRANK STELLEN.
DER BODEN WIRD DANN BESONDERS KNUSPRIG.
TEIG AUS DEM KÜHLSCHRANK BRAUCHT AUSREICHEND ZEIT ZUM AUFWÄRMEN, DAMIT ER GESCHMEIDIG WIRD UND SICH GUT VERARBEITEN LÄSST.

MILDERER TEIG FÜR SAUERTEIGPIZZA MIT DER HÄLFTE DES ANSATZRESTS

DIESES REZEPT ERGIBT CA. 840 GRAMM PIZZATEIG. REICHT FÜR 3 PIZZEN MIT 30 ZENTIMETER DURCHMESSER ODER 1 PIZZA VOM BLECH.

STOCKGARE: 1 STUNDE

STÜCKGARE: 4 BIS 5 STUNDEN BEI 21 °C. ALTERNATIV DEN TEIG NACH 3 STUNDEN IN DEN KÜHLSCHRANK STELLEN UND IN DEN NÄCHSTEN 3 TAGEN DIE PIZZA BACKEN.

ZUTAT	MENGE		BÄCKER-PROZENTE
BROTMEHL ODER PIZZAMEHL*	400 G		100 %
WASSER	235 G (27 °C)		67 %**
FEINES MEERSALZ	13 G	2½ TL	2.6 %
SAUERTEIGSTARTER	200 G		20 %

* GESAMTMEHLMENGE INKLUSIVE MEHL IM STARTER = 485 G
** INKLUSIVE DAS IM STARTER ENTHALTENE WASSER

1: TEIG ANMISCHEN

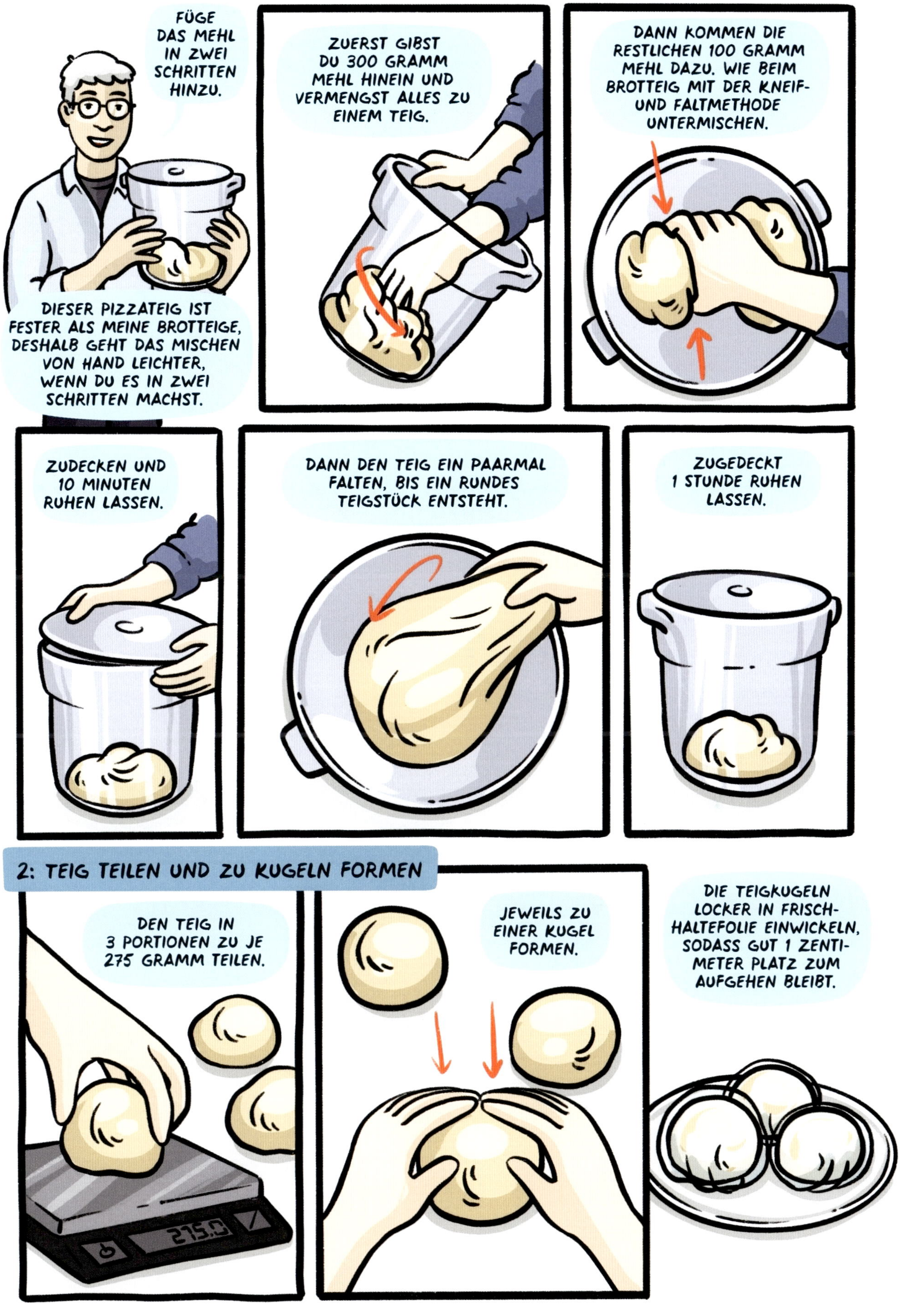
FÜGE DAS MEHL IN ZWEI SCHRITTEN HINZU.
DIESER PIZZATEIG IST FESTER ALS MEINE BROTTEIGE, DESHALB GEHT DAS MISCHEN VON HAND LEICHTER, WENN DU ES IN ZWEI SCHRITTEN MACHST.
ZUERST GIBST DU 300 GRAMM MEHL HINEIN UND VERMENGST ALLES ZU EINEM TEIG.
DANN KOMMEN DIE RESTLICHEN 100 GRAMM MEHL DAZU. WIE BEIM BROTTEIG MIT DER KNEIF- UND FALTMETHODE UNTERMISCHEN.
ZUDECKEN UND 10 MINUTEN RUHEN LASSEN.
DANN DEN TEIG EIN PAARMAL FALTEN, BIS EIN RUNDES TEIGSTÜCK ENTSTEHT.
ZUGEDECKT 1 STUNDE RUHEN LASSEN.
2: TEIG TEILEN UND ZU KUGELN FORMEN
DEN TEIG IN 3 PORTIONEN ZU JE 275 GRAMM TEILEN.
275.0
JEWEILS ZU EINER KUGEL FORMEN.
DIE TEIGKUGELN LOCKER IN FRISCHHALTEFOLIE EINWICKELN, SODASS GUT 1 ZENTIMETER PLATZ ZUM AUFGEHEN BLEIBT.

3: TEIGKUGELN GEHEN LASSEN
DIE TEIGKUGELN BEI ZIMMERTEMPERATUR 4 BIS 5 STUNDEN GEHEN LASSEN ...
... DANN PIZZA DARAUS BACKEN!
ODER, MEIN SPEZIALTIPP, DIE KUGELN NACH DEM GEHENLASSEN ÜBER NACHT ODER BIS ZU 3 TAGE IN DEN KÜHLSCHRANK STELLEN.
DER BODEN WIRD DANN BESONDERS KNUSPRIG.
TEIG AUS DEM KÜHLSCHRANK BRAUCHT AUSREICHEND ZEIT ZUM AUFWÄRMEN, DAMIT ER SICH ENTSPANNT UND SICH GUT VERARBEITEN LÄSST.

SCHNELLE PIZZASAUCE

TIPPS FÜRS PIZZAMACHEN

SO KRIEGST DU'S GEBACKEN!

ACHTE AUFS DETAIL. WIEG ALLES GENAU AB. HAB GEDULD.
MIT JEDEM BROT WIRD DEINE TECHNIK BESSER.
IM HAND-UMDREHEN WIRST DU SUPER BROT ANMISCHEN, FALTEN, FORMEN UND BACKEN.
WIR HOFFEN, DIESES BUCH HAT DIR GEZEIGT, DASS SUPERLECKERES SELBST GEBACKENES BROT …
… NUR ETWAS PLANUNG UND AUSDAUER BRAUCHT.
ALSO LOS – DU KRIEGST DAS GEBACKEN!
VIEL SPAß DABEI!

BESONDEREN DANK AN:
KIMMY TEJASINDHU
CHLOE RAWLINS
AMY COLLINS
KELLY SNOWDEN
ISABELLE GIOFFREDI
LIZ WAYNE UND DENISE BREWER
BLANCA UND STEVE HURLEY
MARK BARANOWSKI UND EILEEN DAILEY
BECKIE GAUTREAU

NILES BARANOWSKI
TOKI WARTOOTH BECAN-BARANOWSKI
LIZ ANNA KOZIK
JUNIOR
LEFTY, CASEY, BROOKS, UND GOMEZ
CORINNE MUCHA
LAURA PARK
GREGG UND TONYA TOMLINSON
KATELYN SEGER
MATEO UND DAS TEAM VOM SIPPING TURTLE CAFE

KEN FORKISH

KEN FORKISH IST DER GRÜNDER VON KEN'S ARTISAN BAKERY, KEN'S ARTISAN PIZZA UND CHECKERBOARD PIZZA, ALLE IN PORTLAND, OREGON. ER HAT DAS BUCH *MEHL, WASSER, SALZ, HEFE* GESCHRIEBEN, DAS MIT DEM JAMES BEARD AWARD UND DEM IACP AWARD AUSGEZEICHNET WURDE. AUßERDEM ERSCHIEN VON IHM *PIZZA PERFETTA*, EINE ODE AN DIE PIZZA, UND 2022 DAS BUCH *EVOLUTIONS IN BREAD*.

KEN HAT MIT DER GRÜNDUNG SEINER BROTBÄCKEREI 2001 UND DER PIZZABÄCKEREI 2006 MAßGEBLICH ZUM KULINARISCHEN HÖHENFLUG PORTLANDS BEIGETRAGEN. ER WAR 2013 FINALIST BEIM NATIONAL JAMES BEARD AWARD FÜR HERAUSRAGENDE KONDITOREILEISTUNGEN UND 2017 FÜR HERAUSRAGENDE BÄCKEREILEISTUNGEN.

HEUTE LEBT KEN ZUSAMMEN MIT SEINEM REZEPTVERKOSTER JUNIOR AUF HAWAII UND WIDMET SICH U.A. DEM VERFASSEN VON KOCHBÜCHERN. SEINE BÄCKEREI KEN'S ARTISAN BAKERY HAT ER 2022 AN ZWEI ALTGEDIENTE ANGESTELLTE VERKAUFT, KEN'S ARTISAN PIZZA AN EINEN LANGJÄHRIGEN FREUND.

SARAH BECAN

SARAH BECAN HAT SCHON ALS KIND BEGEISTERT COMICS GEZEICHNET.

2010 HAT SIE DEN WEB-COMIC *I THINK YOU'RE SAUCEOME* ERFUNDEN UND SEITDEM VERÖFFENTLICHT SIE IHRE ARBEITEN IN VERSCHIEDENEN FACHZEITSCHRIFTEN WIE ZUM BEISPIEL *SAVEUR*, *EATER*, *CHICAGO READER* ODER *TASTING TABLE*.

FÜR IHRE ERSTE GRAPHIC NOVEL, *THE COMPLETE OUIJA INTERVIEWS*, WURDE SIE MIT EINEM XERIC AWARD UND DER STUMPTOWN TROPHY FÜR EIN HERAUSRAGENDES DEBÜT AUSGEZEICHNET. 2012 ERSCHIEN IHRE ZWEITE GRAPHIC NOVEL, *SHUTEYE*.

SARAH HAT DAS 2016 ERSCHIENENE KOCHBUCH *THE ADVENTURES OF FAT RICE* ILLUSTRIERT. SIE IST CO-AUTORIN UND ILLUSTRATORIN VON *RAMEN FÜR ALLE!* SOWIE *DUMPLINGS FÜR ALLE!*, BEIDE MIT HUGH AMANO, DIE AUF DEUTSCH IM VERLAG ANTJE KUNSTMANN ERSCHIENEN SIND.

SARAH LEBT MIT IHREM LEBENSGEFÄHRTEN NILES UND DEM KATER TOKI IN CHICAGO, UND WENN ES NACH IHR GINGE, WÜRDE SIE DEN GANZEN TAG NICHTS ANDERES TUN, ALS BILDER VON ESSEN ZU ZEICHNEN.

REGISTER

P

R

S

T

U

V

W

Z

DIE ORIGINALAUSGABE ERSCHIEN UNTER DEM TITEL
»LET´S MAKE BREAD. A COMIC BOOK COOKBOOK«
BEI TEN SPEED GRAPHIC/TEN SPEED PRESS,
EINEM IMPRINT VON CROWN PUBLISHING GROUP,
PENGUIN RANDOM HOUSE LLC, NEW YORK.
DRUCK UND BINDUNG: OPTIMAL MEDIA GMBH, RÖBEL/MÜRITZ
ISBN 978-3-95614-607-7

WWW.KUNSTMANN.DE